Gêm o

Mair Wynn Hughes

GOMER

Argraffiad cyntaf - 1991

ISBN 0 86383 7662

ⓗ Mair Wynn Hughes

Dymuna'r cyhoeddwyr gydnabod cymorth a chyfarwyddyd Adrannau'r Cyngor Llyfrau Cymraeg a noddir gan Gyngor Celfyddydau Cymru.

Cedwir pob hawl. Ni chaniateir atgynhyrchu unrhyw ran o'r cyhoeddiad hwn na'i gadw mewn cyfundrefn adferadwy na'i drosglwyddo mewn unrhyw ddull na thrwy unrhyw gyfrwng electronig, electrostatig, tâp magnetig, mecanyddol, ffotogopïo, recordio, nac fel arall, heb ganiatâd ymlaen llaw gan y cyhoeddwyr, Gwasg Gomer, Llandysul.

Argraffwyd gan J. D. Lewis a'i Feibion Cyf., Gwasg Gomer, Llandysul, Dyfed

1

'Daria!'

Melltithiodd Glenys ganiad y cloc larwm gan droi a phalfalu'n drwsgl i roi taw arno. Deg o'r gloch! Pwysodd yn ôl ar y gobennydd gan wthio'i chudynnau cringoch o'i llygaid. Bore Sul, diolch byth, meddyliodd yn gysglyd cyn aildyrchu i ddyfnder cofleidiol y dillad a gadael i'w meddwl grwydro dros y diwrnod a estynnai o'i blaen.

Roedd hi'n nefoedd gorwedd yno a gwybod nad oedd angen iddi wynebu ei rhuthr arferol i gyrraedd y swyddfa erbyn naw. Roedd amser ganddi heddiw. Amser i bendroni uwch ei dyfodol, a phenderfynu beth i'w wneud.

Neidiodd ar ei heistedd a chofleidio'i phengliniau wrth syllu ar y clwtyn bychan o awyr niwlog a welai trwy'r ffenestr. Awyr dinas, meddyliodd, mor llwydaidd ac amhersonol â'r wynebau hynny a welai hi wrth deithio i'w gwaith bob dydd.

Roedd hi wedi blino ar fywyd y ddinas. Cilwenodd wrth gofio fel y bu'n ysu am ymledu'i hadenydd pan oedd yn ieuanc. Fel y bu'n breuddwydio am adael tawelwch digynnwrf y dref fechan y'i magwyd ynddi, a bwrw'i hun i ferw ffrantig bywyd hollol newydd. Llundain! Y Meca dragwyddol honno a lanwodd ei bryd o'r adeg y gadawodd hi'r ysgol. Rhyddid, cynnwrf partïon a chwmni cylch eang o bobl ieuanc, dyna a fynnai. Roedd hi am eu blasu i gyd, ac am weithio'i ffordd i'r brig, doed a ddelo.

Ac fe wnaeth. Rŵan, roedd hi a'i ffrind Sioned yn berchenogion asiantaeth fechan ddigon llwyddiannus. Ateb unrhyw angen ar fyrder, dyna oedd eu harbenigedd.

Dim ots beth ... ysgrifenyddes ... rhywun i lanhau tŷ, i ddyfrio planhigion neu i wylio plant, i goginio pryd i ddeg neu bedwar ugain ... i fod yn westywraig ... i wneud unrhyw beth o fewn rheswm. Os oedd gofyn, roedd hi a Sioned yn barod i ymateb. Ac erbyn hyn, roedd ganddyn nhw ddwsinau o enwau ar eu rhestr gyflogi, a nifer cynyddol o gwsmeriaid a ddychwelai dro ar ôl tro wedi'u bodloni.

Ond rywsut, yn ddiweddar, fe ddechreuodd syrffedu. Nid oherwydd ei gwaith ... nac oherwydd ei chydweithwraig, Sioned. Na, rhyw ddiflastod mewnol a deimlai. Diflastod a'i rhwystrai rhag llawn fwynhau'r llwyddiant y gweithiodd hi mor galed i'w sicrhau.

Ac wrth gwrs, roedd Iorwerth ...

Ysgydwodd ei phen yn ffyrnig fel pe bai'n ceisio ei garthu o'i meddwl. Doedd hi ddim am ystyried Iorwerth rŵan. Ddim nes y byddai hi wedi codi ... a gwneud paned o goffi iddi hi'i hun. Wedyn, fe gâi feddwl ... a phenderfynu.

Crwydrodd ei llygaid at yr amlen a orweddai mor ddiniwed ar y bwrdd gwisgo. Oedd, roedd hi'n ddiniwed ei golwg, ond roedd ei chynnwys yn bygwth ffrwydrad. Bygythiai wyrdroi ei bywyd yn gyfan gwbl.

Ond eto, wyddai hi ddim. Oedd hi am fentro troi ei chefn ar ei byd cyfarwydd ... a derbyn y cyfle a gynigiwyd iddi ar blât? Brathodd cynnwrf sydyn trwyddi a thaflodd ddillad y gwely'n ôl. Fe fyddai'n rhaid iddi benderfynu *heddiw*. Roedd hi wedi addo iddi hi'i hun y cymerai amser i ystyried pethau ... i'w hystyried yn araf a phwyllog, a hynny cyn i Iorwerth gyrraedd. Tua dau fyddai hynny, wrth gwrs. Hanner gwenodd: roedd Iorwerth druan mor ddibynadwy â phendil cloc.

Gwisgodd ei gwnwisg a tharo'i thraed yn ei slipars cyn mynd drwodd i'r gegin fechan. Fe wnâi dôst iddi hi'i hun hefyd tra meddyliai am y cyfle annisgwyl ... ac am Iorwerth. Iorwerth a oedd mor gyffyrddus â hen faneg am law, Iorwerth y bu hi'n gyfeillgar efo fo er pan ddaeth hi i'r dref, Iorwerth a fu'n gefn cadarn iddi yn nyddiau cynnar y busnes ... a Iorwerth a gymerai'n ganiataol ei bod hi am ei briodi ... ryw dro.

Wrth gwrs, llithro i'r berthynas heb yn wybod iddi hi'i hun bron ddaru hi, meddyliodd, tra disgwyliai i'r tecell ferwi. A rŵan, doedd hi ddim yn gwybod sut i dorri'n rhydd ... os oedd hi eisio gwneud hynny o ddifri, yntê? Roedd rhywbeth cysurus mewn dibynnu ar rywun arall ... ond rhywbeth myglyd 'run pryd.

Fe bregethodd Sioned ddigon wrthi.

'Iawn, os wyt ti eisio cwilt cartre o ddyn,' meddai. 'Mae Iorwerth yn iawn yn ei le, ond dydi'r lle hwnnw ddim yn dy fywyd di. Wyt ti eisio bywyd fel defnydd melfat, a thithau'n wraig fach ufudd heb ddim yn ei phen ond cynhesu slipars a magu plant? Nefoedd, chwech ar hugain wyt ti, fel finna! Mae llond gwlad o fywyd i'w fyw eto cyn setlo i lawr.'

Gwenodd Glenys wrth gofio'r geiriau. Doedd 'setlo i lawr' ddim ym mhlaniau Sioned. Tipyn o bili pala oedd ei ffrind, a doedd 'run o'i charwriaethau hi'n para'n hir. Fe flinai a dianc i brofi porfa newydd wedi rhyw fis neu ddau. A hawdd y gallai hi hefyd a hithau mor olygus. Gwallt euraidd yn gapan clòs am ei phen a phâr o lygaid glas yn toddi fel menyn poeth wrth edrych ar ddyn!

Brathodd ei thôst yn synfyfyriol a cherdded tua'r cyntedd. Yno, safodd ac astudio'i hun yn y drych. Syllai dwy lygad werdd yr un mor synfyfyriol yn ôl arni. Dwy lygad werdd ... dim byd arbennig, meddyliodd, cwmwl o wallt cringoch a fynnai ddianc o'i rwystrau, ac yn waeth na'r cyfan, trwyn yn frith o frychni haul.

Ond roedd hi wedi hen gynefino â'r hyn a welai yn y drych, ac wedi penderfynu na fedrai hawlio llawer o ramant yn ei bywyd. Debyg ei bod hi'n lwcus o Iorwerth ... o gael gafael ar rywun a fynnai briodi geneth mor gyffredin.

Heddiw, fodd bynnag, fe ymddangosai'r dyfodol undonog a'i hwynebai gyda Iorwerth yn fwy o gosb na gwobr. Am fod ganddi ddewis arall erbyn hyn, debyg. Cyfle i daflu baich ennill bywoliaeth heibio, am ychydig beth bynnag, a cheisio profi iddi hi'i hun fod llygedyn o dalent arall yn cuddio o'i mewn.

Sgrifennu. Dyna fu ei breuddwyd cudd ers amser bellach. Fe gnoai'r awydd fel y ddannodd o'i mewn, hyd yn oed pan eisteddai wrth ei desg ynghanol prysurdeb ei dydd. Ac roedd hi wedi cael llwyddiant bach yn barod. Fe dderbyniwyd un o'i storïau byrion gan gylchgrawn merched yn ddiweddar. Ac er mai prin lond dwrn oedd cyfanswm y siec a dderbyniodd, bu'n ddigon i fwydo'r fflamau!

A'r awydd cudd yma a'i perswadiodd i ymuno â'r cylch ysgrifennu fis Medi, a hefyd, y dyhead am un noson annibynnol, ymhell o ddylanwad Iorwerth. Y lle diwethaf yr âi ef iddo fyddai cylch ysgrifennu. Gwastraff amser ... ildio i fympwy benywaidd ... a hynny heb ragolygon o broffid ar ei ddiwedd, dyna oedd ei ddyfarniad. (A pham na soniodd hi air am ei llwyddiant wrtho?) Y difrifol a apeliai at Iorwerth bob amser. Yn rhyfedd ddigon, dyna'r hyn a'i gwnaeth yn ddeniadol iddi yn y dechrau. Fe bwysodd ar gryfder dyn a wyddai beth oedd arno'i eisio mewn bywyd ... un a wyddai i ble'r oedd o'n mynd ... ac a gynlluniodd yn union sut a pha bryd y cyrhaeddai at ei nod.

Ond amdani'i hun ... wedi iddi ymuno â'r cylch, fe sylweddolodd fod rhywbeth mwy mewn bywyd na chadw'i thrwyn ar y maen o hyd. Ymledodd ei gorwelion, cafodd flas ar gwmni gwahanol ... ac ymaflodd mewn rhywbeth a allasai fod yn hollbwysig yn ei bywyd. Pe bai hi ond yn cael mwy o amser iddi'i hun ... a llonyddwch!

Ond, wrth gwrs, dilorni'r cyfan wnaeth Iorwerth pan soniodd hi am y cylch. Ac er nad oedd hi'n disgwyl dim gwell oddi wrtho roedd hi'n dal i gofio'r siom a'r dicter a saethodd trwyddi. Wnaeth o ddim cymaint â thrio deall ei breuddwydion. A pha hawl oedd ganddo i'w thrin fel geneth fach ac i fod mor ysgafn ohoni hi a'i dyhead! Ond ddywedodd hi ddim byd. Rhyw golomen o eneth fu hi erioed wyneb yn wyneb mewn ffrae efo Iorwerth. Am ei fod o mor siŵr o'i ddaliadau, rywsut.

Fel y dywedodd Sioned droeon, 'Fedra i mo dy ddallt di, Glen. Rwyt ti'n ddynes fusnes ardderchog, yn medru wynebu unrhyw anhawster ... trin cwsmeriaid gwallgo fel pe baen nhw'n ŵyn bach, a dyma ti fel colomen o dawel o flaen yr Iorwerth 'na.'

Fedrai hi ddim peidio â gwenu wrth gofio diflastod Sioned a'i hymdrechion i fagu tipyn o asgwrn cefn ynddi hithau yn ei pherthynas â Iorwerth.

Ond diolch i Anti Bet, fe allai wireddu'i breuddwydion rŵan. Os oedd hi'n barod i gefnu ar y llwyddiant y gweithiodd hi a Sioned mor ddyfal ac mor ffyrnig i'w sicrhau. Ond beth am Sioned? Ac am Iorwerth hefyd?

Fe gofiai dderbyn y llythyr cyntaf hwnnw oddi wrth Trystan Jones a Jones a'i chymysgedd o deimladau wrth iddi ei ddarllen. Roedd hi wrth ei desg yn y swyddfa y diwrnod hwnnw, a Sioned wedi mynd allan i gyfarfod cwsmer. Fe'i hagorodd yn ddigon didaro gan dybio mai llythyr busnes ynglŷn â'r asiantaeth ydoedd. Ond fe drawodd ei gynnwys hi'n fud. Roedd Anti Bet wedi marw, a'r twrneiod wedi treulio misoedd yn chwilio amdani hithau.

Anti Bet! Wedi marw! Crwydrodd ei meddwl i ddyddiau ieuenctid, a gwyliau hirfelyn ym Mryn Ffynnon. Gwyliau a beidiodd fel toriad cyllell pan adawodd ei thad hwy am ei gariad newydd. Ffrydiodd atgofion trosti. Surni'i mam, yr ychydig lythyrau oddi wrth Anti Bet yn llosgi'n goelcerth heb eu hagor . . . ei hiraeth a'i dryswch hithau, yn blentyn deg oed. Fe eisteddodd yn fud wrth ei desg fel y'i llanwyd gan gymysgedd o edifeirwch a syndod. Syndod fod Anti Bet wedi cofio amdani, ac edifeirwch am na wnaeth hithau gladdu hen ofidiau a mynd i'w gweld ynghynt, wedi i'w mam farw, pan nad oedd surni a gelyniaeth tuag at deulu'i thad o bwys bellach.

Soniodd hi'r un gair am y llythyr wrth neb. Ddim wrth Sioned . . . nac wrth Iorwerth. Wyddai hi ddim pam. Am ei bod eisio cadw'r atgofion, yr euogrwydd a'r syndod iddi'i hun efallai . . . yr euogrwydd yn fwy na dim. Ond rŵan daeth yn amser iddi benderfynu. Fe ddaeth ail lythyr y twrneiod. Roedd popeth wedi'i archwilio, yr ewyllys wedi'i phrofi, a hithau'n etifedd Bryn Ffynnon yn ogystal â saith mil o bunnoedd yn y banc. Gallai adrodd y llythyr hwnnw ar ei chof. Cynyddodd y cynnwrf o'i mewn. Roedd hi *am* ymaflyd yn ei hetifeddiaeth, am ddod i gytundeb ynglŷn â'r busnes hefo Sioned, am roi'r gorau i'w fflat, ac am fynd i lawr i Benuwchwaen i sgrifennu, waeth beth a ddywedai neb.

Saith mil . . . *a* Bryn Ffynnon! Faint rhagor oedd arni ei angen cyn llosgi pob pont a chanlyn ei breuddwyd?

Treuliodd weddill y bore'n troi a throsi'r hyn y bwriadai'i ddweud wrth Iorwerth . . . ac wrth Sioned. Fe fyddai Sioned o'i phlaid, roedd hi bron yn siŵr o hynny. Ond mi fyddai Iorwerth yn gandryll! Suddodd ei chalon wrth ddychmygu'i ymateb. Fe wfftiai'n oeraidd a bychanu'i bwriad nes gwneud iddi hithau deimlo fel crwtyn pum-mlwydd. A sawl gwaith y plygodd hi o flaen mur ei bendantrwydd gan ildio i'w ddaliadau yn hytrach na dadlau? Ond y tro hwn roedd hi am fod yn gryf a phendant. Am fod hyn yn hollbwysig iddi.

Gwyliodd fysedd y cloc yn carlamu tuag at ddau o'r gloch. Daeth sŵn car o'r stryd islaw. Iorwerth! Edrychodd trwy'r ffenestr. Oedd, roedd o wedi cyrraedd. Fe'i gwelai'n parcio'i B.M.W. gyda'i ofal bwriadus arferol. Rhwbiodd fysedd nerfus trwy'i gwallt a brathodd ei gwefus i'w chryfhau ei hun am y frwydr oedd o'i blaen. Roedd hi ar binnau wrth feddwl am ddweud wrtho. Ond ei bywyd hi oedd o, a doedd gan Iorwerth mo'r hawl i feirniadu, waeth faint a draethai.

2

'Wyt ti o dy go, 'ta be?'

Roedd min anghredinol i'w lais wrth iddo gribo'i law yn filain trwy'i wallt brown a throi i edrych arni'n gyhuddgar.

'Dyma ti wedi magu busnes llwyddiannus ac am adael i fympwy gwirion dy ddallu i'r canlyniadau. Mi fydd

Sioned wrth ei bodd. Y ti'n hau ... a hithau'n medi ffrwyth dy lafur di.'

Teimlodd Glenys ei thymer yn codi. Sut y meiddiai Iorwerth awgrymu'r ffasiwn beth am Sioned? On'd oedden nhw wedi cydweithio a chyd-ddigalonni a chyd-chwerthin oriau ben bwygilydd yn enwedig wrth fagu'r busnes yn ystod y misoedd caled cyntaf hynny?

'Paid ti â meiddio dweud 'run gair am Sioned, Iorwerth,' meddai'n ffyrnig.

'Wel, beth amdana i, 'ta? Ein perthynas ni ... a'n dyfodol gyda'n gilydd? Wyt ti wedi meddwl am hynny?'

Ddywedodd hi ddim byd, dim ond styfnigo fwyfwy.

'Ble cefaist ti'r chwilen 'ma, neno'r tad? Roeddwn i'n gwybod mai ffolineb oedd y cylch sgrifennu 'na. Criw o bobl hefo'u pennau yn y gwynt. Meddwl fod bywoliaeth i'w chael heb ymdrechu amdani.'

'Ymdrech ydi sgrifennu. Cymaint o ymdrech ag unrhyw waith arall unrhyw ddydd. Ac rydw i wedi cael *un* llwyddiant yn barod. Siec am stori i un o'r cylchgronau.'

Anwybyddodd Iorwerth ei geiriau a rhoi tro cyflym o gwmpas y lolfa cyn troi i afael yn ei hysgwyddau a'i hanner ysgwyd.

'Pam? Pam ystyried taflu popeth rwyt ti wedi gweithio amdano o'r neilltu a chladdu dy hun mewn rhyw dwll di-nab-man i *ysgrifennu*?'

Roedd byd o ddirmyg yn ei lais. Teimlodd Glenys ei thymer hithau'n codi mewn ymateb.

'Am mai dyma fy nghyfle i. Rydw i am brofi fod rhywbeth arall mewn bywyd heblaw rhuthr dinas a busnes.'

Tywyllodd ei lygaid yn ddicllon.

'Ond taflu *popeth* heibio ... y cwmni y gweithiaist ti a

Sioned mor galed i'w sefydlu. A phaid ag anghofio fy oriau inna er eich lles chi. Sawl gwaith y bûm i'n cynghori a chynorthwyo gyda'ch cyfrifon chi? Hebdda i . . .'

'Paid â meddwl nad ydw i'n gwerthfawrogi'r hyn wnest ti, Iorwerth. Ond chdi gynigiodd . . . paid ag anghofio hynny. Chefaist ti mo d'orfodi.'

Pam rydyn ni'n dechrau codi'n lleisiau fel hyn? meddyliodd Glenys. Pam na fedrai hi ddweud wrtho fo'n glir a chadarn? Doedd ganddo mo'r hawl i ymyrryd.

Trodd Iorwerth ati'n sydyn.

'A be amdanon ni?' gofynnodd eto.

'Be amdanon ni?'

'Ein planiau ni. Priodi a . . .'

'Cymryd yn ganiataol wnest ti. Ddaru ti ddim gofyn . . . ddaru minna ddim addo.'

'Ond mae dealltwriaeth rhyngon ni. Dealltwriaeth dwy flynedd.'

'Nid o f'ochr i.'

Meddalodd agwedd Iorwerth yn sydyn, a throdd i afael ynddi a'i gwasgu ato.

'Ond roeddwn i'n meddwl dy fod ti'n dallt ac yn berffaith fodlon. Drat las! Ddeudist ti ddim byd pan oeddwn i'n sôn am brynu tŷ, a . . . a . . .' Rhwbiodd law trwy'i wallt eto. 'Rydyn ni'n canlyn ers *dwy* flynedd.'

Oedden nhw? Oedden, os mai canlyn oedd byw mewn rhigol. Mynd i westai moethus am ambell bryd pan fyddai'n rhaid iddo seboni cwsmeriaid, mynd i'r dafarn am ddiod ambell waith, mynychu sioeau a phartïon ffrindiau, a chael cusan amhersonol ffwrdd â hi ar ddiwedd noson. Perthynas hyd braich oedd hi. Caledodd ei phenderfyniad.

'Ddeudist ti 'rioed dy fod ti'n fy ngharu.'

Hanner gwridodd Iorwerth yn anghysurus.

'Dydw i ddim yn credu mewn baldorddi geiriau. Rwyt ti i fod i wybod hynny.'

Gollyngodd hi'n sydyn a syllu'n gyhuddgar arni.

'A dydw i ddim yn dallt pam na soniaist ti air am hyn tan heddiw chwaith. Pa bryd y cefaist ti wybod?'

Anwybyddodd Glenys y cwestiwn.

'Roeddwn i angen amser i benderfynu.'

Brathodd Iorwerth ymlaen fel pe na bai wedi'i chlywed.

'Chlywais i mohonot ti'n *sôn* am dy Anti Bet, hyd yn oed.'

'Doeddwn i ddim yn cadw cysylltiad â hi. Ddim ers pan adawodd Dad ni. Ei chwaer o oedd hi. A phan fu farw Mam, ddaru hi ddim sgwennu, na dŵad i'r angladd.'

Anniddigodd wrth gofio na wnaeth hithau adael i Anti Bet wybod chwaith. A dweud y gwir, ddaru hi ddim hyd yn oed gofio amdani ar y pryd. Roedd Anti Bet a'i thad wedi diflannu i'r ebargofiant hwnnw a orfodwyd arni gan ei mam.

Trodd Iorwerth ati a gafael yn ei breichiau.

'Tyrd inni fanteisio ar ei charedigrwydd, 'ta. Gwertha'r cyfan. Mi brynwn ni dŷ a phriodi. Tŷ o safon o'r cychwyn. Mi ddo i i lawr hefo ti i Benuwchwaen i fwrw golwg ar y lle. Mi ddylet gael crocbris amdano a'r farchnad mor ffafriol. Digon i'w fuddsoddi a chael incwm bach reit ddel inni'n ogystal â thŷ.' Petrusodd eiliad. 'Neu efallai y buasai modd imi ddefnyddio peth o'r arian i ehangu'r busnes. Symud i safle gwell, mwy moethus.' Nodiodd yn foddhaus. 'Ia, mi fuasai hynny'n well. Agor swyddfa yn un o'r strydoedd gorau a cheisio denu gwell safon o gwsmeriaid.'

Snob! A snob barus hefyd! Ysgydwodd Glenys ei hun yn rhydd o'i afael a'i meddyliau'n ferw gwyllt. Y digywilydd-dra! Hawlio ei hetifeddiaeth i'w felin ei hun heb feddwl dim amdani hi. Roedd hi *wedi* bod yn ddall. Pallu gweld ymhellach na blaen ei thrwyn ddaru hi. Roedd Iorwerth wedi meddiannu'i bywyd, damaid ar ôl tamaid, y tu allan i'r swyddfa. Roedd hi hyd yn oed wedi gwisgo i'w blesio, ac wedi cowtowio iddo'n rhy aml o lawer—fel pe bai hi heb farn ei hun. Ond byth eto. Nid rhyw slefren fôr yn sych a chrimp oedd hi.

'Rydw i wedi penderfynu,' meddai â chryfder newydd yn ei llais. 'Fy etifeddiaeth *i* ydi'r cyfan, ac mi rydw *i* am wneud yr hyn a fynna *i* hefo nhw. A dydi fy mhlaniau i ddim yn cynnwys rhoi hwb i dy fusnes di, Iorwerth.'

Clywodd ei lais a'i dinc cyhuddgar trwy bellter ei phenderfyniad.

'Dydw i ddim yn dy ddallt ti. Fy nhwyllo i.'

Y hi wedi'i dwyllo? Roedd y syniad yn wrthun. Ei dwyllo'i hun wnaeth o. Goleuodd fflam fechan o'i mewn a drodd yn goelcerth ffyrnig.

'Fedri di ddim hawlio rhyddid rhywun arall, Iorwerth.'

'Ac mi ei heb falio dim amdana i?'

'Wrth gwrs, mi rydw i'n malio. Malio amdanat ti—fel ffrind.'

Fel ffrind, ond byth bythoedd fel darpar ŵr.

Aeth ei wyneb yn anialwch llidiog wrth iddo fygythio rhwng ei ddannedd.

'Wel, paid â meddwl y derbynia i di'n ôl pan fyddi di wedi gweld dy gamgymeriad. Os a' i rŵan—rydw i'n mynd am byth!'

Ffrydiodd tymer trwyddi eto. Sut y gallai hi fod wedi adnabod rhywun am flynyddoedd a hynny heb ganfod yr hunanoldeb dwfn?

'Iawn 'ta. Dos.'

Edrychodd arni a'i wyneb yn fflamgoch.

'Ac mi rwyt ti'n meddwl gwneud bywoliaeth wrth sgrifennu? Ha! Mae rhai mwy deallus na chdi wedi methu. Faint gymerith o iti weld rheswm, sgwn i?'

Cipiodd ei siaced oddi ar y soffa ac wrth ddiflannu trwy'r drws taflodd un brathiad arall o'i ôl, 'A sut y bydd Sioned yn teimlo? Wyt ti wedi meddwl am hynny?'

Syllodd Glenys ar ei ôl a'i thu mewn yn crynu. Roedd hi'n casáu ffrae erioed. Ac er ei bod hi'n ei ffieiddio'i hun, roedd yn rhaid iddi ymladd yn erbyn yr awydd sydyn a ddaeth trosti i'w ddilyn ac i ymddiheuro'n wirion, i alw arno a dweud nad oedd hi am wneud dim byrbwyll. A chyfaddef efallai mai bod yn hirben a gwerthu fuasai orau wedi'r cyfan.

Ond caledodd ei phenderfyniad eilwaith. Llwfr hollol fuasai rhoi'r ffidil yn y to am fod Iorwerth wedi taflu dŵr oer ar y cyfan.

Crychodd ei thalcen wrth groesi at y ffenestr a gwylio'i gar yn symud yn llai pwyllog nag arfer oddi wrth y palmant. Edrychodd o ddim i fyny. Gwyliodd ef yn diflannu ymhen draw'r stryd cyn troi i wynebu'r ystafell wag a'r amheuon a erlidiai ei gilydd yn gwau drwy'i phen. Tybed a wnâi saith mil o bunnau ei chynnal yn ddigon hir iddi ddechrau ennill bywoliaeth mewn maes cwbl newydd? A beth am Sioned, wedi'r cwbl?

Ysgydwodd ei phen yn bendant. Byddai Sioned yn deall. Roedden nhw'n adnabod ei gilydd yn ddigon da erbyn hyn. Ac onid oedd hi wedi'i rhybuddio ddigon am Iorwerth? Wedi dweud ganwaith mai morwyn o dan draed fyddai hi os priodai ef. Fe âi i ffonio Sioned ar unwaith a gofyn iddi ddŵad draw i drafod pethau.

Ond fe ganodd y ffôn cyn iddi afael ynddo. Cododd y derbynnydd.

'Hylô, Glen. Sioned sy 'ma. Wyt ti'n ffansïo dŵad draw? Môr o bethau i'w dweud wrthyt ti. O, Glen, rydw i mewn cariad o ddifri o'r diwedd. Jâms! Wedi'i gyfarfod o ym mharti Mair a Ger neithiwr. Wedi clicio ar amrantiad. Fy nanfon adra a sawl paned o goffi wedyn. Grêt o foi! Fel rhosyn ynghanol drain . . . ond synnwn i ddim nad oes ganddo fo bigyn neu ddau chwaith. Ymm! Sôn am olygus!'

Roedd ei llais yn llawn brwdfrydedd, a'r geiriau'n baglu ar draws ei gilydd.

'O . . . Sioned!'

Daeth ysfa chwerthin tros Glenys a dechreuodd giglan er ei gwaethaf.

'Be sy rŵan?' holodd Sioned yn hurt. 'Wyt ti ddim yn fy nghoelio fi?'

'O . . . ydw. Tan tro nesa, 'te? Mi glywis i'r un geiriau o'r blaen, on'd do?'

Giglodd Sioned yn ei thro.

'Ymm! Do. Ond rydw i'n 'u meddwl nhw y tro yma. Ydw wir. Rydw i mewn *cariad*.'

'Os wyt *ti*'n dweud.'

Fe sobrodd Glenys yn sydyn. Mor braf oedd byd Sioned. Rhibidires o gariadon, a phob un ohonyn nhw'n awyddus barod i'w hebrwng yma ac acw, a derbyn briwsion ei chusanau wedyn. Disgynnodd distawrwydd rhyngddynt.

'Hei! Wyt ti yna?'

Ysgydwodd Glenys ei hun allan o'i synfyfyrdod.

'Ydw.'

Roedd drwgdybiaeth sydyn yn llais Sioned.

'Rwyt ti'n ddistaw iawn. Oes rywbeth yn bod? Wyt ti wedi ffraeo hefo Iorwerth?'

'Wedi gwahanu.'

'Wel, y newydd gora ges i ers cantoedd. Dim o'i le arno fo i ferch arall, ond nid i ti. Wyt ti 'rioed yn difaru?'

'N . . . nac ydw. Ond mae mwy i'r stori na hynna. Yli, mae gen i rywbeth eisio'i drafod hefo ti. Rhywbeth pwysig. Ddoi di yma?'

Tra oedd hi'n disgwyl Sioned taclusodd ychydig ar y fflat a pharatôdd hambwrdd ar y bwrdd bach ger y ffenestr. Roedd ei meddwl yn ferw poenus. Beth ddywedai Sioned a hithau wedi penderfynu gadael yr asiantaeth?

Ond doedd dim angen iddi boeni.

'Mynd o'ma? Gadael y busnes? Nefi! I ble?' Roedd syndod llwyr ar wyneb Sioned.

'Oes ots gen ti? Modryb wedi gadael tŷ ac ychydig o arian imi, ac am fynd ati o ddifri i drio sgrifennu.'

'Gadael tŷ iti? Ymhle? Tŷ mawr? Lot o arian?'

Dechreuodd Glenys chwerthin.

'Hei! Rho eiliad imi ateb, wnei di? Ond deuda'n gynta . . . oes ots gen ti 'mod i'n mynd?'

Ystyriodd Sioned â'i phen yn gam am ychydig.

'We . . . el na, dim ots, am wn i. Mi fedra i redeg yr asiantaeth ar fy mhen fy hun . . . a chael ysgrifenyddes i rannu'r gwaith, efalla. Ond beth am dy siâr di o'r busnes? Fedra i ddim fforddio'i phrynu. Rywsut, ma'r arian yn diflannu fel llanw ar drai o'r cownt banc 'na. Dillad newydd . . . a . . .'

Chwarddodd Glenys.

'Mi wn i. Does dim rhaid iti fanylu. Ond, gwranda. Beth 'tawn i'n gadael fy nghyfran i yn yr asiantaeth a hynny'n ddi-log am y misoedd cynta? Mi adawodd Anti Bet saith mil imi . . .'

'Ew! Lwcus!' meddai Sioned.

'Tŷ hefyd. Siawns na fedra i fyw am hir arnyn nhw. Fydd dim eisio gwario llawer i fyw mewn tre fach fel Penuwchwaen. A dydw i ddim yn bwriadu cymysgu. Nabod neb p'run bynnag. Fydda i eisio dim ond teipiadur a thipyn o fwyd a thân y gaea 'ma. Ac mi fydd yn haws i tithau gyflogi rhywun i'r swyddfa heb brynu fy siâr i, 'tai hi'n ddim ond merch fach fynd a dŵad. Ac mi leddfith dipyn ar fy nghydwybod inna.'

Nodiodd Sioned.

'Mi gymra i rywun dros dro. Rhag ofn y byddi di'n casáu dy gartre newydd ac ar dân eisio dŵad yn ôl. O . . . Glen, wn i ddim be wna i hebddot ti! Ond dweud wrtha i am y manna o'r nefoedd 'ma gefaist ti. Y tŷ 'ma. Pa bryd y gwelist ti o ddiwetha?'

'Pan oeddwn i'n eneth fach . . . tua deg oed, am wn i.'

Syllodd Sioned arni'n ddistaw am ennyd, yna dechreuodd chwerthin.

'Be sy rŵan?'

'A finna'n arfer meddwl mai fi oedd yr un hefo asgwrn cefn. Wn i ddim fuaswn i'n taflu bywyd y ddinas heibio a mynd i fyw i le di-nab-man fel'na. Ond hei lwc iti, ddyweda i. Yli, mi ddo i atat ti ambell benwythnos, pan fydd y boced yn caniatáu. A dŵad â Jâms hefo mi hefyd.'

'Os na fyddi di wedi cael gafael ar ryw ''Jâms'' arall, 'te?'

'Dim peryg. Hwn ydi'r un, iti,' meddai Sioned. 'Diwedd y daith, 'te?'

'Mi glywais i hynna o'r blaen hefyd,' chwarddodd Glenys.

Amneidiodd Sioned i gyfeiriad y cwpwrdd diodydd.

'Rhaid inni fedyddio dy fywyd newydd. Y plonc gora sydd gen ti.'

Cododd i lygadu cynnwys y cwpwrdd.

'Tesco flwyddyn diwetha sy gen ti, ddyliwn. Ond hidia befo, efallai mai siampên fydd hi'r flwyddyn nesa, a chdithau'n awdures enwog!'

Tywalltodd ddau wydraid, ac estyn un i Glenys.

'Hei lwc iti ar dy fywyd newydd ... dy nofel gynta ... a llond gwlad o enwogrwydd ac arian!'

3

Ymhen ychydig dros bythefnos, roedd Glenys ar ei ffordd i Benuwchwaen. A chwarae teg i Trystan Jones a Jones, roedden nhw wedi gweithredu'n bur gyflym. Yr allweddau'n ei disgwyl yn y swyddfa'n syth bin, a'u bìl hwythau am eu trafferthion yn cyrraedd yr un mor sydyn. A dyna ddechrau bwyta i'r saith mil yn syth!

Wel, roedd hi ar ei ffordd bellach a'r pontydd wedi eu llosgi. Cytunodd delerau efo Sioned, ffarweliodd â'i fflat, cafodd un sgwrs ffôn bur ffrwydrol efo Iorwerth ... a dyma hi. Rywsut, y funud yma y trawyd hi gan y newid syfrdanol yn ei byd ... a dechreuodd wangalonni. Llanwyd ei meddwl gan amheuon. Bryn Ffynnon. Pam nad aeth hi yno i weld y lle cyn penderfynu'n derfynol? Dim ond cof niwlog plentyn oedd ganddi amdano, ac eto roedd hi wedi cefnu ar y ddinas heb hyd yn oed ymweld â'i chartref newydd. Ond wrth gwrs, doedd hi ddim wedi taflu popeth i'r gwynt. Roedd ei chyfran o'r asiantaeth ganddi . . . a bron i saith mil yn y banc . . . ac roedd rhyddid iddi ddŵad yn ei hôl os âi pethau o chwith. Ond Duw â ŵyr ble y câi hi fflat debyg i'r hen un. Efallai y dylai fod wedi dal ei gafael ynddi. Jest rhag ofn! Ond llwfrdra fuasai hynny.

Ond fe ddylai fod wedi ymweld â Bryn Ffynnon gyntaf, roedd hi'n cydnabod hynny. Roedd hi wedi bod yn wirion. Ond rywsut fe deimlai . . . na, fe ofnai . . . mai troi yn ôl i ddiogelwch ei bywyd cyfarwydd wnâi hi os mentrai yno cyn aildrefnu'i bywyd.

Pwysodd yn ôl yn ei sedd a gwylio'r tirlun yn gwibio heibio wrth i'r trên ei chludo'n nes at y newydd-neb a'i hwynebai. Sut ar y ddaear roedd hi am ymdopi mewn lle dieithr, heb adnabod neb, â phrin saith mil o bunnau yn y banc. Ond annheg fuasai derbyn dim gan Sioned, a hithau'n wynebu costau uwch wrth redeg yr asiantaeth ar ei phen ei hun. Na, fe lynai at ei phenderfyniad i beidio â derbyn llog ganddi.

Tynnodd ei chôt drwchus yn dynnach amdani. Doedd gwres y Rheilffyrdd Prydeinig fawr gwell na gwres cannwyll, meddyliodd. Ystyriodd godi a mynd i'r cerbyd bwffe. Ond doedd hi ddim am adael ei chesys a'i bagiau'n amddifad. Roedd cymaint o sôn am ladrata. Ceisiodd anghofio ei thraed rhewllyd trwy gynllunio patrwm ei dyddiau nesaf.

Byddai'n rhaid iddi gael Bryn Ffynnon i drefn. Glanhau a chynnau tân ac eirio cyn y medrai fentro symud i mewn iddo. Ac er ei bod hi'n teimlo'n ddigon tebol i rywbeth y funud honno, fedrai hi ddim peidio â phoeni braidd. Faint gymerai iddi sgrifennu llyfr . . . a mwy na hynny . . . a oedd gobaith y câi ei dderbyn? Byth?

'Rydw i'n rêl het! Wedi mynd o 'ngho!'

Ynganodd y geiriau'n sydyn . . . bendant . . . uchel . . . cyn brathu'i gwefus a thaflu cipolwg sydyn o'i hamgylch a'i hwyneb yn gwrido'n araf. Beth pe bai rhywun wedi'i chlywed? Ond na, roedd ei chyd-deithwyr ynghyll yn eu meddyliau fel hithau.

Ailsyllodd trwy'r ffenestr. Beth fyddai'n ei disgwyl ym Mhenuwchwaen? Ac ym Mryn Ffynnon? Yn sicr, lleithder tŷ a adawyd ers misoedd a thrugareddau ei modryb mewn drôr a wardrob. Unigrwydd hefyd. Difarodd eilwaith. Fe ddylsai fod wedi mynd yno i drefnu ymlaen llaw yn lle gwrando ar ffwlbri ei meddyliau. Ac roedd Sioned wedi cynnig dŵad hefo hi, jest am y penwythnos. Ffŵl fu hithau'n ei gwrthod. Buasai doniolwch Sioned wedi erlid ei hameuon hithau ymaith. Wel, roedd hi'n rhy hwyr rŵan. Cofiodd eiriau Sioned.

'Wnei di ddim difaru, siŵr iawn. Mi wnaiff les iti, pe bai dim ond i ddianc oddi wrth y tun glud Iorwerth 'na. 'Tawn i'n dy le di, mi fuaswn i wedi ffarwelio hefo fo er cantoedd. Wn i ddim sut y dioddefaist ti fo cyhyd.'

'Chwarae teg, Sioned,' oedd ei hymateb hithau. 'Mae o wedi helpu lot hefo'r asiantaeth.'

'Ac wedi manteisio lot hefyd,' oedd geiriau crafog Sioned. 'Cymryd gormod arno'i hun. A disgwyl iti fod yn fythol ddiolchgar.'

Dechreuodd y trên arafu a deffrôdd hithau'n sydyn o'i breuddwydion. Penuwchwaen. Ble'r oedd ei chês a'i dau fag llaw? Cododd ar ei thraed yn simsan wrth i'r trên arafu fwyfwy. Yn sydyn roedd hi ar dân eisio disgyn oddi arno a wynebu ei bywyd newydd.

Edrychodd o'i chwmpas wrth ddod allan o'r orsaf ac i'r stryd. Pa bryd y bu hi yma ddiwethaf? Dros bymtheng mlynedd yn ôl. Chofiai hi fawr am y lle. Treiddiai gwynt gaeafol fel picell drwy'r stryd. Gostyngodd ei gên yn is i goler uchel ei chôt a gafael yn dynnach yn ei chês. Roedd pobman yn edrych mor unig a digysur.

Cynigiai gwesty'r Mynydd Gwyn groeso a chynhesrwydd yr ochr arall i'r stryd. Ymlaciodd. Fe gofrestrai yno am noson neu ddwy. Dim iws bod yn fyrbwyll a mynd i dŷ gwag heb baratoi. Dechreuodd yr amheuon gnoi yn ei meddwl unwaith eto. Sut olwg fyddai ar yr hen dŷ, tybed?

Fe gymerai dacsi i weld y lle heno, a siopa am ychydig o drugareddau glanhau fory neu drennydd. Byddai'n rhaid iddi dreulio diwrnod neu ddau yn paratoi tipyn ar y lle. Ond fe allai gynnau tân ... eirio ac agor ffenestri fory efallai. Ac wedyn ... pe bai hi'n paratoi'r gegin ac un ystafell wely, fe allai ymdopi â gweddill y tŷ yn ei phwysau.

Edrychodd ar ei wats cyn ailafael yn ei chesys ac ymlwybro ar draws y stryd. Roedd hi bron yn dri yn barod, ac ychydig iawn fedrai hi ei wneud ym Mryn Ffynnon mor hwyr yn y dydd. Ond fe âi i fyny yno. Pe na bai ond i ailymgyfarwyddo â'r hen dŷ ac i ailddeffro'r cof amdano.

Cerddodd i mewn i gyntedd y gwesty a rhoi ei chesys i lawr yn ddiolchgar. Safodd am ennyd i fwynhau'r cynhesrwydd moethus.

'Ia? Fedra i eich helpu chi?'

Trodd i wynebu'r ferch ieuanc a ymddangosodd y tu ôl i'r ddesg. Ni allai beidio â syllu'n gegrwth am eiliad. Roedd hi fel un o'r modelau a serennai o gloriau'r cylchgronau drudfawr hynny ... yn berffaith o'i chorun i'w thraed. Teimlodd Glenys don o eiddigedd sydyn wrth syllu ar ei chudynnau duon a ddisgynnai'n aflerwch gofalus at ei hysgwyddau. Roedd ei llygaid yr un mor dywyll o dan ei heiliau siapus ac fe ddangosai bwa ei gwefusau cochion gip o ddannedd gwynion perffaith. A'i dillad? Fe gydient yn llinellau lluniaidd ei chorff yn union fel pe baent wedi'u tywallt amdani.

Whiw! meddyliodd, gan geisio peidio â rhythu'n ddigywilydd ar y fath brydferthwch. Nid y tu ôl i ddesg gwesty roedd lle'r ferch yma.

'Fedra i eich helpu?' Roedd tinc o ddiflastod yn y llais wrth iddi orfod holi eilwaith.

Nodiodd Glenys yn frysiog.

'Os gwelwch yn dda. Ystafell sengl gyda chyfleusterau preifat am noson, efallai dwy, wn i ddim eto.'

'Wrth gwrs.'

Roedd llais y ferch yn hollol broffesiynol wrth iddi agor y llyfr a orweddai ar y ddesg.

'Ystafell naw, Miss ...?'

'Roberts. Glenys Roberts.'

'Wnewch chi arwyddo'r llyfr, os gwelwch yn dda, Miss Roberts? Mi a' i â chi i'ch ystafell wedyn.'

'Diolch. A thybed fedrech chi drefnu tacsi imi ymhen ...' Ystyriodd Glenys am ennyd. Na, chymerai hi ddim ond paned sydyn yn ei hystafell cyn mynd i Fryn Ffynnon. 'Rhyw hanner awr?'

'Wrth gwrs. Mi ffonia i wedi mynd â chi i fyny. Gadewch eich cesys. Fe ddaw Wil â nhw.'

Trodd i gil agor y drws y tu ôl iddi, a bloeddio, 'Wil! Bagia! Rhif naw!'

Daeth ateb aneglur o rywle yn y cefn wrth i Glenys droi i'w dilyn.

'Dyma'ch ymweliad cynta, Miss Roberts?'

Nid oedd llawer o ddiddordeb y tu ôl i'r cwestiwn. A

chyn i Glenys ateb fe agorodd drws y stryd a throdd y ferch i'w wynebu.

'Dilwyn!'

Lledaenodd gwên chwareus tros ei hwyneb wrth iddi blygu dros y canllaw gan anwybyddu Glenys.

'A beth sy'n dŵad â chdi yma mor fuan? Doeddwn i ddim yn disgwyl dy weld di tan heno.'

'Angen tipyn o bethau.'

Roedd y dyn a safai wrth y drws yn anferth, hyd yn oed ym marn Glenys a oedd yn bur dal ei hun. Ni allai ei hatal ei hun rhag syllu arno er iddi geisio cymryd arni astudio'r darlun ar y mur cyfagos. Roedd o mor . . . fedrai hi ddim meddwl am yr union air . . . mor nerthol, debyg. Fel pe bai'n llawn o ryw ynni a oedd o dan reolaeth gadarn. Nid dyn i'w groesi; dyna ddaeth i'w meddwl hi ar unwaith. Yna cyfarfu ei llygaid â'i lygaid llwydion a theimlodd wres sydyn yn codi i'w hwyneb. Roedd hi wedi syllu arno eiliad yn rhy hir heb sylweddoli. Trodd yn frysiog a'i hwyneb yn wenfflam. Beth ddaeth trosti i fod mor ddigywilydd?

Roedd ei lygaid llwydion yn gyfarwydd. Oedd hi wedi'i gyfarfod o'r blaen? Bu bron iddi ag ysgwyd ei phen. Nac oedd, siŵr. Pwy fedrai anghofio dyn mor drawiadol â hwn? Gwridodd. Yna gwridodd fwyfwy wrth i'r llygaid llwydion grwydro'n araf o'i chorun i'w sawdl â rhyw lygedyn gwamal chwerthinog yn eu dyfnder.

'Well iti ofalu am dy westai, Mari. Mae ei llygaid hi fel cyllyll drwydda i.'

Wel! Gwasgodd Glenys ei hewinedd i gledrau ei dwylo wrth deimlo ei thymer yn codi. Os oedd hi'n ddigywilydd yn syllu, roedd ei eiriau plentynnaidd yn gan gwaeth.

'O! . . . ia.'

Trodd Mari braidd yn anfodlon tuag ati a gwenu'n gynnil. Ailgychwynnodd i fyny'r grisiau.

'Hen ffrind,' eglurodd. Daethant at ddrws Rhif 9. 'Wel,' ychwanegodd yn gyfrinachol, 'ychydig mwy na hynny.'

Miniogodd gwefusau Glenys wrth iddi ddilyn Mari i'r ystafell. Can croeso iddi wrtho fo, meddyliodd. Dyn difanars. Cymryd rhywun yn destun sbort. Cododd ei gên yn benderfynol. Pwy oedd o'n 'i feddwl oedd o yn syllu arni fel'na?

Yn ddiweddarach, pan eisteddodd gyda'i phaned wrth y ffenestr mynnai'r darlun ohono grogi o flaen ei llygaid, yn union fel pe bai hi wedi ei adnabod 'rioed. Fel pe bai hi wedi edrych i'r llygaid llwydion 'na o'r blaen ryw dro.

Fe'i hysgydwodd ei hun. Ddylsai hi ddim gadael i ryw ddieithryn fel'na effeithio cymaint arni. Ond chyfarfu hi 'rioed â rhywun a godai'i gwrychyn gymaint, a hynny ar yr olwg gyntaf.

Edrychodd ar ei wats. O diar! Roedd yr hanner awr bron ar ben. Fe fyddai'r tacsi'n disgwyl wrthi. Fe roddai'r dyn anghwrtais 'na o'i meddwl a chanolbwyntio ar Fryn Ffynnon. Gafaelodd yn ei bag ysgwydd a chydag un edrychiad brysiog yn y drych dringodd i lawr y grisiau. Ni fedrai ei hatal ei hun rhag taflu cipolwg o gwmpas y cyntedd, nid i chwilio am neb o bwys, wrth gwrs. Ond eto, mi'r oedd hi braidd yn siomedig pan welodd nad oedd neb yno. Rhoes gic feddyliol arall iddi'i hun. Pa ddiddordeb oedd ganddi hi mewn dyn cyn daled â thŵr castell? Roedd Bryn Ffynnon a'i dyfodol newydd ganddi i feddwl amdanynt.

'Ma'r tacsi yma, Miss Roberts.'

Fe achosodd llais sydyn Mari iddi neidio.

'O . . . diolch. Mi fydda i'n ôl i ginio. Tua hanner awr wedi saith?'

'Iawn, Miss Roberts.'

Cerddodd Glenys allan i'r stryd a sefyll am ennyd, er yr oerni, i edrych o'i chwmpas. Roedd awyrgylch tref fechan ym mhobman. Sylwodd ar ambell ffigur unig yn troedio'n frysiog ar y palmant, y siopau a'u drysau'n gaeedig glòs, hanner dwsin o foduron wedi'u parcio'n rhes ar ochr y stryd, ac yn y pen draw . . . miniogodd ei gwefusau er ei gwaethaf, Land Rofer llychlyd a chorff tal nerthol yn dringo i mewn iddo. Trodd am y tacsi'n fwriadol. Doedd hi ddim am ddyfalu rhagor ynghylch y dieithryn.

'Bryn Ffynnon, os gwelwch yn dda. Ffordd y mynydd.'

Nodiodd y gŵr bychan penfoel a eisteddai yn sedd y gyrrwr.

'Eisio mynd i dŷ'r hen Lisa Robaitsh ydach chi?'

Trodd i lygadu Glenys yn gyfeillgar.

'Biti gweld yr hen le yn wag, ychi. Y chi ydi'r nith, debyg? Twrneiod wedi chwilota misoedd amdanoch chi, meddan nhw. Bwriadu aros efo ni am dipyn?'

Y nefoedd fawr, ydi dynion tacsi yn gwybod busnes pawb yn y lle 'ma? meddyliodd Glenys.

'Am ychydig,' atebodd yn gynnil.

'Y fi fydda'n mynd â Miss Robaitsh i bobman wedi iddi dorri'i choes,' meddai'r dyn bach siaradus eto. 'Ddim na fuasai teulu Bryn Moel yn gwneud, cofiwch, ond hen wraig annibynnol iawn oedd hi. Ac yn meddwl y byd ohonoch chi.'

'Yn meddwl y byd . . . ?'

Ni allai Glenys gredu'i eiriau. Sut y gallai ei modryb feddwl y byd ohoni a hithau heb ei gweld ers blynydd-oedd? Pigodd ei chydwybod hi. Dylai fod wedi holi yn ei chylch a mynd i'w gweld, er gwaethaf chwerwedd ei mam.

'Ia, mi fydda'n hoff o sôn amdanoch chi'n eneth fach.' Nodiodd gan edrych arni yn y drych dreifio. 'Roeddwn i'n nabod eich tad, ychi. Loes calon i Miss Robaitsh ei fod o wedi gwneud be ddaru o.'

Fe deimlai Glenys fel pe bai wedi'i churo'n feddyliol. Fe ddychmygodd mai i le hollol ddieithr y deuai, na fyddai neb yn ei chofio ... wedi'r cyfan fuo hi ddim yn agos i'r lle er pan oedd hi'n blentyn. Ac fe dybiodd na fyddai gan neb ddiddordeb ynddi o gwbl. Ond roedd hi wedi anghofio am chwilfrydedd tref fechan, lle'r oedd pawb bron yn adnabod ei gilydd. Doedd 'na ddim 'dieithriaid drws nesa' yma fel yn Llundain.

Roedd y gyrrwr bach 'ma wedi dymchwel popeth o chwith. Ac er nad oedd o wedi awgrymu bai, fe barodd iddi gywilyddio am fod mor ddieithr. Ond deg oed oedd hi ar y pryd, a beth fedrai plentyn yr oed hwnnw ei wneud? A phan fu farw ei mam flynyddoedd yn ddiweddarach, roedd yn rhy hwyr. Ond y gwir oedd na ddaru hi feddwl am Anti Bet ers blynyddoedd.

'Fyddan ni ddim yn hir rŵan.'

Roedd llais y gyrrwr yn gyfeillgar wrth iddo droi'r tacsi i ffordd y mynydd.

'Y dach chi'n bwriadu aros yn yr hen le? Mae cryn waith arno fo erbyn hyn. Miss Robaitsh wedi colli diddordeb, a dim calon ganddi i drwsio a pheintio. Ond fedrai hi ddim, a hithau mor fethedig, wrth gwrs. Biti'i gweld hi.'

Ai dychmygu'r dinc feirniadol yn ei eiriau roedd hi? Fedrai hi ddim bod yn sicr. A thybed a fyddai pawb yn yr ardal yn teimlo 'run fath? Fydden nhw'n ei beio am anwybyddu ei modryb cyhyd, a rŵan yn meddiannu'r cyfan heb gywilydd?

Gwthiodd y teimlad annifyr o'r neilltu wrth i'r tacsi arafu o flaen Bryn Ffynnon. Arhosodd yn ei hunfan i syllu ar y tŷ am eiliadau hir, a sugnodd ei hanadl i'w hysgyfaint yn sydyn boenus wrth i'r atgofion ruthro drwyddi. Ar ben y cwt glo bregus 'na yr eisteddai hi pan oedd yn blentyn ar ei gwyliau ... trwy'r ffenestr fach o dan y bondo y gwyliai'r haul yn codi ... i fyny'r llethr yna y dringai hi efo'r bachgen hwnnw. Crychodd ei thalcen wrth geisio'i ddarlunio. Beth oedd ei enw hefyd? Bachgen tal, yn rhy dal o'i oed, yn byw ar fferm gyfagos ... wyneb gwelw, coesau'n ymestyn o Fôn i Fynwy, breichiau trwsgl yn blodeuo o'i lewys cwta. Roedd o wedi bod yn wael, on'd oedd? Niwmonia neu rywbeth cyffelyb. Caeodd ei llygaid wrth geisio'i ddarlunio. Llygaid llwydion. Fe'i gwelai'n edrych arni rŵan. Brathodd ei gwefus yn sydyn. *Llwydion*?

O'r nefoedd! Dilwyn Bryn Moel! Dyna pwy welodd hi yng nghyntedd y gwesty. Dim rhyfedd iddi deimlo bod rywbeth cyfarwydd rhyngddynt. Ond pwy fuasai'n credu y buasai'r crwt heglog yn tyfu'n ffasiwn horwth o ddyn? Brathodd ei gwefus eilwaith wrth gofio. Roedden nhw wedi chwarae'n blant hefo'i gilydd, wedi dringo'r llethr a physgota yn yr hen afon fach, wedi gwylio'r godro a reidio yn fen fratiog ei dad i'r farchnad. Ac wedi ... aeth ei hwyneb yn fflamgoch wrth i atgof sboncio'n don trosti ... wedi tyngu i briodi ryw ddiwrnod, a hynny uwch uniad eu gwaed.

Cofiodd fel y gwasgodd hi'i dannedd yr adeg honno, ac ymladd rhag gweiddi wrth i Dilwyn bigo ei wythïen ef a'i hun hithau i selio'r fargen. Sut y bu iddi anghofio'r cyfan?

A gwaeth na hynny, sut na ddaru hi'i nabod yn y cyntedd? Gwingodd yn anniddig. Ai dyna pam roedd y llygedyn chwerthinog yn ei lygaid wrth syllu arni? Oedd yntau hefyd yn cofio?

4

'Am fynd allan, 'ngenath i?'

Llais y gyrrwr a ddaeth â hi ati'i hun.

'O . . . sori! Fy meddyliau ymhell,' ymddiheurodd.

Agorodd ddrws y tacsi a chamu allan. Fe safai'r hen dŷ o'i blaen yn union fel y cofiai ef. Na, roedd cof plentyn wedi'i ddarlunio'n fwy o lawer . . . yr ardd yn ymestyn ymhellach . . . y coed afalau'n fwy niferus . . . y llethr o'i ôl yn fwy serth ac anodd i'w ddringo.

Paent newydd a border yn llawn o flodau a gofiai hi, nid yr anialwch a oedd o'i blaen. A beth am y llechi rhydd ar ei do a'r mwsogl yn frith arnynt? Ymladdodd yn erbyn y lwmp sydyn yn ei llwnc, a llanwyd hi â hiraeth. Hiraeth am y dyddiau hynny a ymgripiai'n benderfynol i'w meddwl y funud honno . . . pan ddeuai'i mam a'i thad â hi yma ar ei gwyliau. Rŵan, roedd Anti Bet hefyd wedi mynd . . . fel hwythau. A doedd ganddi'r un enaid i'w alw'n deulu.

'Eisio imi ddisgwyl?'

'O . . . ia, os gwelwch yn dda.'

Am eiliad roedd hi'n casáu'r gyrrwr a'r llais a fynnai darfu ar ei meddyliau.

'Ydi'r allwedd ganddoch chi?'

'Ydi.' Tynnodd hi o'i bag. 'Fydda i ddim yn hir.'

'Cymrwch eich hamser, 'ngenath i. Dim brys.'

Safodd Glenys yn betrusgar wrth y giât am ennyd, yna cerddodd yn araf i fyny llwybr yr ardd. Dychwelodd ei meddwl at Dilwyn Bryn Moel wrth iddi roi'r allwedd yn nhwll y clo. Cododd ei hysgwyddau'n anfodlon. Doedd o ddim yn debyg i'r bachgen rhadlon cyfeillgar a gofiai hi erstalwm. Rŵan, fe allai feddwl am ddwsinau o ansoddeiriau i'w ddisgrifio, ac ni fyddai rhadlon na chyfeillgar yn eu plith! Twt! Roedd yn rhaid iddi anghofio amdano, a doedd o ddim yn debyg o ddŵad yma i fusnesu.

Agorodd y drws a sefyll yn ei hunfan ar y teils llychlyd wrth i ddarluniau atgof ffrydio'n un rhibidires trwy'i meddwl. Roedd y lobi fach yn union fel y'i cofiai, ond fod llwch yn gaenen drom ar bopeth ac arogl llonydd hen wacter yn mynnu treiddio i'w ffroenau. Symudodd ei bys yn ysgafn tros gorffyn mud yr hen gloc mawr a chofiodd mor ddiddos y swniai ei dipian cadarn yn ei chlustiau erstalwm.

Aeth trwodd i'r lolfa gan grychu ei thrwyn yn feirniadol. Roedd gwe pry cop ym mhobman a phapur wal yn araf ollwng yn y conglau. Suddodd ei chalon. Beth roedd hi wedi'i wneud yn ei byrbwylltra? Roedd angen mwy nag ychydig ddyddiau i ddeffro'r hen dŷ i sirioldeb ei hatgofion. Doedd agor ffenestri a chynnau tân ddim yn ddigon.

Faint o amser gymerai'r cyfan tybed, a faint fyddai'r gost? Suddodd ei chalon eilwaith wrth iddi agor drws y gegin. Roedd gormod o waith yma. Y lle wedi'i adael er pan fu farw ei modryb, a fawr ddim wedi'i wneud iddo am flynyddoedd cyn hynny. Digalonnodd wrth syllu ar y clwtyn anferth o damprwydd yn y gongl. Trodd i syllu ar y sinc henffasiwn. Fe'i cofiai yng ngogoniant ei tsieni disglair, nid gyda'r crac anferth a welai ynddi'n awr.

Roedd y bwrdd diferu hefyd wedi gweld ei ddyddiau gwell, a'r cypyrddau bregus yn drwch o lwydni ac arogl hen fwydydd. Roedd hi'n eu cofio i gyd, ond nid fel hyn. Na, glân a destlus fyddai cegin Anti Bet bob amser, ac arogl crasu teisen sinsir yn cosi ffroenau geneth fach.

Dringodd i'r llofft a sefyll ger y ffenestr a wynebai'r mynydd. Efallai y dringai i'w gopa ryw ddiwrnod ... wedi iddi gael trefn ar bethau. Os y gwnâi hi hefyd. Efallai mai digalonni a wnâi hi, a throi'n ôl at fywyd cyfarwydd Llundain.

Trodd i wynebu'r ystafell. Llofft ei modryb fyddai hon. Agorodd ddrôr ac edrych am eiliad ar y dilladau a blygwyd ynddo'n ofalus. Pethau'i modryb oedden nhw a'r rheiny'n llwydni i gyd. Doedd arni fawr o awydd mynd trwyddynt.

Dringodd i lawr y grisiau a'i meddwl yn gwibio o un penderfyniad i'r llall. Aros yma ym Mryn Ffynnon ac ymaflyd mewn gwaith a gwario, ynteu anghofio'r cyfan a gwerthu? Wyddai hi ddim.

Caeodd ddrws Bryn Ffynnon a'i meddwl yn troi. Fory, meddyliodd. Mi benderfyna i fory.

'Am gadw'r hen le?' holodd y gyrrwr unwaith eto wrth iddynt gychwyn yn ôl tua Penuwchwaen.

'Wn i ddim,' atebodd hithau'n ddigon swta.

''Rhen Fiss Robaitsh wedi dyheu lawer am eich gweld chi'n ôl.'

'Mae gwaith adnewyddu ofnadwy yma,' meddai hithau. 'Wn i ddim fedra i'i fforddio fo. Efalla mai gwerthu wna i.'

'Chi ŵyr,' oedd yr ateb tawel, ond siomedig rywsut.

Pam y dylai yntau deimlo'n siomedig? Ei phenderfyniad hi oedd o. Trodd i syllu trwy'r ffenestr ôl. Oedd hi 'rioed am daflu'i breuddwydion i'r gwynt a gadael i Iorwerth ddweud 'mi ddeudis i' uwch ei phen? Penderfynodd yn sydyn derfynol. Nac oedd, yn bendant.

'Aros wna i,' penderfynodd heb sylweddoli iddi siarad yn uchel.

'Da iawn chi,' meddai'r gyrrwr. 'Mi fuasai Miss Robaitsh wrth ei bodd.' Newidiodd ei lais. 'Dechrau cynllunio sy'n rhaid inni rŵan felly.'

'Ni?' Roedd syndod yn llais Glenys.

'Mi fyddwch eisio tipyn o "handi man" o gwmpas y lle. A does dim yn well gen i na philtro yn yr ardd a throi fy llaw at fanion trwsio. Gofynnwch i'r musys 'cw.'

'Ond beth am y gwaith tacsi?'

'Tacsi'r mab,' oedd yr ateb cyffyrddus. 'Y fo biau'r busnes rŵan, ond 'mod i'n rhoi help llaw weithiau.'

'Wel ...' cychwynnodd Glenys yn ansicr.

'Mi ddo i â chi i fyny bora fory,' meddai'r gyrrwr. 'Mi fydd yn rhaid i chi a minna afael ynddi os ydyn ni am gael y lle i drefn.'

Roedd y dyn bach penfoel wedi bywiogi trwyddo. Ni allai Glenys beidio â gwenu.

'Diolch, Mr ... Ond wn i ddim,' meddai. 'Dydw i ddim eisio manteisio ...' ychwanegodd yn ansicr.

'Samuel Owen ydi'r enw. Sami i fy ffrindia,' oedd yr ateb rhadlon. 'Dyn unrhyw joban, dyna ydw i rŵan wedi imi ymddeol. Ac mi ddaw Jini, y musys i roi help llaw ichi tu mewn. Does mo'i churo hi hefo brws a dwster.'

Siaradai Sami fel pe bai popeth wedi'i drefnu rhyngddynt. Ceisiodd Glenys guddio'r wên a fynnai ymledu dros ei hwyneb. Roedd o wedi trefnu popeth i'w blesio'i hun heb gymaint ag 'os gwelwch yn dda'. Ond roedd hi'n ddiolchgar hefyd. Fe ddileodd rywfaint ar yr hiraeth a'r chwithdod a'i llanwodd wrth iddi sefyll yr eiliad gyntaf honno yn lobi Bryn Ffynnon.

'Wn i ddim fedra i fforddio'r holl waith adnewyddu sydd 'i angen, na thalu llawer i chi a Mrs Owen chwaith,' meddai'n betrusgar.

'Ddigon buan i siarad am hynny rywbryd eto,' oedd yr ateb. 'Rŵan, faint o'r gloch ydach chi am ddechrau fory?'

'Faint o'r gloch?' Roedd hi'n swnio fel ffŵl yn ailadrodd.

'Ia . . . imi gael eich nôl. Car fy hun. Fedrwch chi ddim cerdded 'nôl ac ymlaen. Ddaw Jini ddim fory a hithau'n ddydd Sul, ond mi gewch chi ginio hefo ni wedyn. Jini 'cw'n sgut am datw rhost a chig oen i ginio Sul.'

'Dydw i ddim eisio gwneud trafferth i'ch gwraig, Mr Owen.'

'Sami.'

'Y . . . Sami.'

Fe ddaeth ysfa chwerthin ofnadwy arni unwaith eto. Meddyliodd am yr holl dacsis y bu hi'n teithio ynddyn nhw yn Llundain. Tacsis a'i cludai o fan i fan heb falio llawer a oedd hi'n fyw ac yn iach ai peidio cyn belled â'i bod yn talu'r cludiant. Oedd, roedd bywyd y wlad yn wahanol iawn! Ac roedd hi'n dechrau ei fwynhau.

'Hanner awr wedi naw yn ôl reit?' holodd.

'Iawn. Mi fydda i yna ar y dot,' oedd ateb Sami.

Aeth Glenys i lawr i'r ystafell fwyta y noson honno a'i meddwl yn llawn o'r gwaith oedd o'i blaen.

'Y bwrdd yma, Miss Roberts,' cynigiodd y weinyddes.

'Diolch yn fawr.'

Edrychodd o'i hamgylch wedi eistedd.

'Rydych chi'n brysur yma heno.'

'Nos Sadwrn. Pawb yn bwyta allan. A bwyd da yma, wrth gwrs!'

'Wrth gwrs,' cytunodd hithau gyda gwên.

Amser a ddengys, meddyliodd, wrth astudio'r fwydlen. Ond mi'r oedd yna ddigon o ddewis, beth bynnag.

Dewisodd, yna eisteddodd yn ôl gan deimlo braidd yn chwithig ar ei phen ei hun. Bron na fuasai hi'n croesawu Iorwerth yno gyda hi, pe bai ond er mwyn iddi gael rhywun i siarad ag ef—waeth pa mor ddiflas unochrog fyddai'r sgwrs. Ond pennod gaeedig oedd y bennod honno bellach. Pennod na fynnai ei darllen byth eto. Llymeitiodd ei gwin yn feddylgar.

Gwyliodd yr ystafell yn prysur lenwi gan deimlo mwy o chwithdod nag erioed. Doedd hi ddim wedi arfer eistedd ar ei phen ei hun mewn gwesty ar nos Sadwrn. Trodd ei phen i weld parti o bedwar yn cerdded at fwrdd cyfagos. Pedwar am eu mwynhau eu hunain, meddyliodd. Yna adnabu'r ferch wrth y ddesg ... Mari, yntê ... ac wrth ei hochr gorff tal Dilwyn Bryn Moel. Trodd ei phen yn sydyn. Doedd hi ddim am iddynt feddwl fod ganddi unrhyw ddiddordeb ynddynt.

'Diolch,' gwenodd pan gyrhaeddodd y weinyddes gyda'i melon.

Clywodd chwerthin ysgafn Mari a llais dwfn Dilwyn yn ymateb. Daria'r dyn yna, meddyliodd, gan gydio yn ei llwy. Pam nad aiff o i rywle heblaw'r Mynydd Gwyn i dreulio'i Nos Sadwrn? Rheolodd ei hun. Pa hawl oedd ganddi *hi* i ddymuno hynny? Canolbwyntiodd ar orffen ei phryd cyn penderfynu mynd yn syth i'w llofft. Teimlai'n flinedig iawn, a dim rhyfedd, meddyliodd, a hithau wedi teithio o Lundain y bore hwnnw, a phrysur ffarwelio â blynyddoedd diwethaf ei bywyd.

Fe gâi noson gynnar ac fe godai'n fore'r bore wedyn er mwyn cychwyn mewn da bryd efo Sami. Anghofiodd am Dilwyn a'i ffrindiau a chanolbwyntio ar y problemau a oedd o'i blaen. Ble i ddechrau! Roedd angen glanhau Bryn Ffynnon o'r top i'r gwaelod wrth gwrs, ond roedd angen atgyweirio i mewn ac allan ... heb sôn am beintio a phapuro. A beth wnâi hi â'r sinc tsieni a'r cypyrddau bregus? Roedd y rhestr yn ddi-ben-draw.

Bwytaodd y *Boeuf Bourguignonne* bron heb ei flasu. Diolch am Sami Owen, meddyliodd. Fe fyddai'n rhaid iddi ddibynnu ar ei gyngor, a rywsut fe wyddai mai cyngor gonest fyddai hefyd.

Clywodd dinc ysgafn chwerthin Mari eto, ac yn erbyn ei hewyllys ciledrychodd i'w cyfeiriad. Unwaith eto, syllodd yn syth i lygaid llwydion Dilwyn Bryn Moel, a theimlo'r gwrid ysgafn yn dringo i'w hwyneb. Dratia'r dyn! Dieithryn oedd o er gwaethaf eu cyfeillgarwch yn blant!

'Rhywbeth o'r troli, Miss Roberts?' holodd y weinyddes.

'Dim diolch,' meddai Glenys. 'Roedd o'n bryd ardderchog.'

'Gymrwch chi'ch coffi yn y lolfa?' holodd yr eneth.

'Wrth gwrs,' atebodd hithau gan godi'n ddiolchgar. Doedd hi ddim am edrych eilwaith at y bwrdd cyfagos.

Cerddodd yn hamddenol o'r ystafell fwyta ac i'r lolfa. Roedd nifer o bobl yno, a murmur siarad yn don isel o'i chwmpas. Eisteddodd wrth fwrdd ac edrych o'i hamgylch gyda diddordeb. Criw o bobl leol yn eu mwynhau eu hunain, meddyliodd. Ddeuai hi i'w nabod i gyd ryw ddydd? Roedd yn anodd credu hynny ar hyn o bryd. Ond ym Mhenuwchwaen roedd hi, wrth gwrs, nid yn Llundain.

Yna, clywodd ei henw y tu ôl iddi. Trodd i ganfod Sami Owen yn gwenu arni'n gyfeillgar, ac wrth ei ochr, ddynes gyda thorchen o wallt lliw arian ar ei chorun.

'Miss Roberts. Dyma Jini, y wraig, ychi. Meddwl y buasech chi'ch dwy yn licio cyfarod eich gilydd.'

'O . . . sut ydach chi?' holodd Glenys gan wenu a chodi ar ei thraed. 'Mae'n dda gen i eich cyfarfod chi. Mae Mr Owen 'ma'n gaddo y gwnewch chi'ch dau fy helpu ym Mryn Ffynnon.'

'Gyda phleser,' oedd yr ateb. 'Rydw i wedi gresynu droeon gweld yr hen dŷ fel y mae o. Ac mi fydd yn dda gen i weld Sami 'ma'n rhywle heblaw o dan fy nhraed i drwy'r dydd. Methu gwybod beth i'w wneud hefo fo'i hun wedi ymddeol.'

'Gym'rwch chi goffi hefo mi!' holodd Glenys. 'Pendroni ynghylch y gwaith ym Mryn Ffynnon roeddwn i, a dweud y gwir. Methu gwybod ble i ddechrau, 'te?'

'Dim coffi, diolch,' meddai Sami Owen. 'Disgwyl ffrindiau ydyn ni. Am gael pryd hefo'n gilydd. Aaa . . . dacw nhw.' Chwifiodd ei law yn egnïol i gyfeiriad y drws. Yna trodd at Glenys i'w chyflwyno. 'Mae'n siŵr eich bod chi'n 'u cofio nhw. Mr a Mrs Williams, Bryn Moel.'

Syllodd Glenys ar wynebau'r ddau fel yr ysgydwodd law.

'Cof plentyn,' meddai gan wenu. 'Ond mi gefais i lawer i reid yn yr hen fen, Mr Williams. A llawer i deisen ardderchog ganddoch chithau hefyd, Mrs Williams.'

Fe deimlai'n chwithig braidd wrth eu cyfarch. Rhywun arall i'w beio am na fu ar gyfyl ei modryb?

'Roedd William a finna'n dallt eich bod chi yma, Miss Roberts,' meddai Mrs Williams. 'Mi fuasai eich modryb wrth ei bodd.'

'O ... plîs ... Glenys fel erstalwm,' meddai hithau'n gloff.

Pwy oedd wedi dweud wrthynt ei bod hi yma, tybed? Dilwyn?

5

Deffrôdd Glenys yn fore trannoeth a gorweddodd yn sypyn llonydd yn y gwely tra crwydrai'i llygaid yn araf o gwmpas yr ystafell. Mor amhersonol oedd llofftydd gwestai bob amser. Ond pa ots? Fyddai hi ddim yma'n hir, ddim ond tan y câi drefn ar Bryn Ffynnon. Edrychodd ar ei wats. Bron yn hanner awr wedi wyth! Fe fyddai Sami yn ei chyfarfod ymhen yr awr.

Cododd ac ymolchi'n frysiog. Yna pendronodd ychydig dros ei dewis o ddillad. Roedd hi wedi trafaelio yn un o'i siwtiau busnes. Siwt dywyll gyda sgert dynn union-syth, a blows wen o dan y siaced. Sgidiau uchel hefyd. Prin y dillad i afael ynddi ym Mryn Ffynnon! Digon tebyg mai crafangio yma ac acw yn llwydni llychlyd yr hen dŷ y byddai hi a Sami y bore 'ma. Diolch fod ganddi jîns a siwmper drwchus, ac esgidiau isel hefyd yn ei bag. Yna cofiodd am y gwahoddiad i ginio gyda Sami a Jini Owen wedyn. Gobeithiai na fyddai ots ganddyn nhw am ei dillad ffwrdd â hi.

Clymodd ei gwallt cringoch yn gynffon destlus y tu ôl i'w phen ac edrychodd arni'i hun yn y drych. Dim colur, penderfynodd. Gwenodd. Roedd digon o olwg arni ond roedd ei gwisg yn cyd-fynd i'r dim â dwster a brws llawr! Welai hi neb o bwys.

'Bore da, Miss Roberts.'

Roedd Mari'n eistedd wrth y ddesg a'i llygaid arni.

'Bore da, Miss . . . ?'

'O . . . galwch fi'n Mari tra byddwch chi yma,' oedd yr ateb esmwyth. 'Gawsoch chi noson gyffyrddus? Popeth i'ch plesio yn eich ystafell?'

'Ardderchog, diolch,' atebodd Glenys.

Cerddodd ymlaen i'r ystafell fwyta gan deimlo'n ymwybodol o'i dillad cyffredin. Mor wahanol i wisg ffasiynol Mari. Roedd honno'n gwisgo sgert wlân o liwiau'r enfys gyda sgarff i gyfateb tros flows wen. Ond buan yr anghofiodd amdani a throi ei meddyliau at Bryn Ffynnon. Ond doedd waeth iddi heb â phoeni nes cael gweld maint y gost yno. Hyd yn oed pe bai'r gost yn llyncu'i chyfrif banc yn gyfan gwbl, roedd hi wedi penderfynu aros . . . rywsut. Doedd hi ddim am ddianc yn ôl i'w chynefin a gorfod cyfaddef ei bod hi wedi methu, a gwrando ar 'mi ddeudis i' bachog Iorwerth.

Roedd yn fore sych. Aeth i nôl ei chôt a chael cip sydyn allan rhag ofn fod Sami wedi cyrraedd. Na. Dychwelodd yn ddiolchgar i'r lolfa. Diwrnod i eistedd o flaen tanllwyth o dân oedd hi, nid diwrnod i browla a phendroni mewn tŷ a fu'n wag ers misoedd. Fe fyddai wedi corffi!

Cododd yn sydyn a mynd at y ddesg. Pwysodd ar y gloch.

'Ia . . . Miss Roberts?'

'Oes modd cael fflasgiad o goffi i fynd hefo mi? Digon i ddau?'

Cododd yr aeliau perffaith ychydig cyn ei hateb.

'Wrth gwrs.'

Diflannodd i'r cefn.

Wn i ddim pam mae hi'n codi fy ngwrychyn gymaint, meddyliodd Glenys, gan deimlo'n flin wrthi ei hun. Doedd o'n ddim y medrai hi roi ei bys arno. Roedd hi'n rhy wên-deg, efallai. Yn rhy broffesiynol ... yn rhy berffaith, ac yn gwneud iddi hithau deimlo'n anghyffyrddus yn ei chwmni.

Daeth Mari â'r coffi trwodd, a'r un pryd canodd corn car Sami y tu allan.

'Fyddwch chi'n ôl i ginio?' holodd Mari.

'Na, ddim heddiw,' atebodd hithau.

'Oeddech chi eisio brechdanau, tybed?' holodd Mari.

'Na ... dim ond coffi ganol bore, diolch,' atebodd Glenys. 'Wedi cael gwahoddiad i ginio.'

Cododd aeliau Mari i ddangos syndod. Fel pe bai hi'n methu â chredu fod neb mor garedig.

'Dyna ni, felly,' meddai'n esmwyth gan droi yn ôl at y ddesg.

Anghofiodd Glenys amdani wrth frysio at gar Sami.

'Bore oer ond braf,' oedd cyfarchiad cyntaf hwnnw.

Cytunodd hithau o waelod calon wrth i'r car drafaelio ffordd y mynydd. Oer, oedd ... ond ardderchog ... penigamp ... rhyfeddol! Gallai feddwl am lu o ansoddeiriau i ddisgrifio'i hapusrwydd y bore 'ma wrth iddi ddynesu at Bryn Ffynnon.

'Braidd yn unig yma yn y gaeaf fel hyn,' rhybuddiodd Sami Owen.

'O ... mi fydda i'n berffaith fodlon,' meddai Glenys gyda gwên. 'Mi fydd gen i ddigon i'w wneud.'

'Bydd wir,' cytunodd yntau. 'Mi gymerith fisoedd i gael yr hen le i drefn.'

Misoedd? Na, mi fyddai hi'n fodlon os câi hi ystafell neu ddwy yn barod, a chael amser wedyn i wario'n araf fel byddai'r boced yn caniatáu.

Ond wyddai hi ddim p'run ai chwerthin 'ta crio wnâi hi pan adawsant y tŷ ychydig cyn cinio. Llabyddiwyd ei breuddwydion o gael symud i Fryn Ffynnon ymhen ychydig ddyddiau. Roedd geiriau Sami yn gnul yn ei chlustiau.

'Mi a' i i fyny'r peth cynta fory i sbio ar y to,' oedd ei ddyfarniad. 'Wnewch chi ddim byd heb gael hwnnw i drefn. Mae dŵr yn dŵad i mewn yn rhywle'n siŵr ichi, a waeth i chi heb â dechrau tu mewn nes y cewch chi setlo hwnnw.'

'Ond efallai y buaswn i'n medru byw mewn ystafell neu ddwy ...' cychwynnodd hithau.

Ond roedd Sami ar gefn ei geffyl.

'Mi ga i fenthyg ysgol o Fryn Moel, ac mi ddaw Dilwyn hefo mi i daro llygad ar y to. Mi fydd ganddon ni ryw amcangyfrif o'r gost wedyn. Ac mae pen reit dda gan Dilwyn at betha fel'na.'

Cododd gwrid i wyneb Glenys. Doedd hi ddim eisio bod yn destun sbort i Dilwyn Bryn Moel. Gallasai ei chicio'i hun. Pam felltith na fuasai hi wedi dŵad draw i weld Bryn Ffynnon a threfnu rhai gwelliannau ymlaen llaw?

'O ... dydw i ddim eisio mynd ar ofyn neb dieithr,' meddai'n gloff.

'Dieithr? Duwcs! Does dim eisio ichi boeni am hynny,' oedd yr ateb rhadlon. 'Pawb yn rhoi help llaw i'w gilydd mewn lle fel hyn. A chithau'n nabod teulu Bryn Moel erstalwm hefyd.'

'Ia, debyg,' oedd ei hateb llugoer.

Buasai'n dda ganddi beidio â mynd ar ofyn Dilwyn Bryn Moel am ddim. Cofiodd eto ei edrychiad yng nghyntedd y gwesty. Fel pe bai'n cael hwyl am ei phen. Yn gwbl ddigywilydd. Cododd ei gên yn benderfynol. Fe fedrai hi wneud popeth heb ei gymorth o, o bawb!

Trodd Sami Owen y car i mewn i ddreif byngalo newydd ar gyrion Penuwchwaen.

'Dyma ni,' meddai. 'Mi fydd cinio Jini'n barod ar ben y deuddeg 'ma.'

Fe deimlai Glenys braidd yn chwithig wrth ei ddilyn i'r tŷ. Wedi'r cyfan, doedd hi'n adnabod dim arnyn nhw ... a dyma hi'n manteisio ar eu caredigrwydd yn syth bin.

'Dowch i mewn ... dowch i mewn.' Prysurodd Jini Owen ar hyd y lobi. 'Rydw i'n siŵr eich bod chi jest â llwgu ar ôl crafangio o gwmpas Bryn Ffynnon wrth sodlau Sami 'ma. Does gan y creadur ddim *syniad* am amser unwaith y caiff o gip ar waith yn nhŷ rhywun arall. Fel gwin yn codi i'w ben o. Rwy'n siŵr eich bod chi wedi corffi.'

Hebryngodd Glenys ar hyd y lobi.

'Ylwch, ma'r ystafell molchi yn fa'ma. Cyfle ichi molchi'ch dwylo a ballu. Dowch trwodd i'r lolfa wedyn. Mae cinio'n barod. Disgwyl Dafydd unrhyw funud.'

Dafydd? holodd Glenys ei hun yn ddryslyd. O ... y mab, wrth gwrs. Hwnnw a redai'r busnes tacsi wedi i'w dad ymddeol. Ymolchodd ei dwylo ac ailglymu'r gynffon yn ei gwallt. Yna aeth trwodd i'r lolfa.

'Ia, dowch i fa'ma i eista, ylwch. Mae Dafydd newydd droi i mewn, ac mi gawn ni ginio'n syth.'

'Ydach chi'n siŵr nad ydw i'n achosi trafferth ...' cychwynnodd Glenys yn ansicr.

'Trafferth! A chitha am roi gwaith yn nwylo segur Sami

'ma? Methu gwybod beth i'w wneud hefo fo'i hun ers iddo ymddeol, ychi.' Trodd wrth i'w mab ddod i mewn. 'A dyma Dafydd. Miss Roberts, yli.'

'O . . . Glenys, os gwelwch yn dda,' meddai hithau gan edrych i wyneb Dafydd.

Roedd ganddo wyneb crwn fel Sami, a phâr o lygaid gleision o dan fop o wallt cyrls yr un mor goch â'i chydunnau hithau.

'Mae'n dda gen i dy gyfarfod di, Glenys,' meddai gan ysgwyd llaw a dal ei afael am eiliad hir cyn ei gollwng. 'Snap!'

'S - snap?' meddai Glenys yn ddryslyd.

'Lliw y gwallt yn matshio, 'te,' meddai Dafydd gan wenu.

'O, ia siŵr,' gwenodd Glenys gan deimlo'n gartrefol gydag ef ar unwaith.

'Dowch am ginio tra mae o ar 'i orau,' gorchmynnodd Jini Owen. 'Estyn gadair i Glenys, Dafydd.'

Wedi ufuddhau eisteddodd Dafydd gyferbyn â hi.

'Dallt dy fod ti am gartrefu yma,' meddai. 'Be am imi fynd â ti allan heno 'ma? I weld y lle 'ma'n iawn. Diod fach yn y Marcwis. Mwy cartrefol na'r Mynydd Gwyn. Snobs y lle 'ma sy'n mynd i fan'no.'

Chwarddodd Glenys.

'Snob ydw inna felly. Fan'no rydw i'n aros.'

'A fan'no buo dy dad a finna i ginio neithiwr,' meddai Jini Owen. 'Ac ers pa bryd mae dy dad yn un o'r rheiny?'

Ymlaciodd Glenys wrth wrando ar glec yr ymgom. Peth fel hyn ydi bod yn rhan o deulu, meddyliodd. A pha bryd y teimlodd hi'n rhan o ddim ddiwethaf? Fu hi 'rioed yn berffaith gartrefol ymysg ffrindiau Iorwerth. Fel pysgodyn allan o ddŵr y rhan fwyaf o'r amser.

'A falla fod gan Glenys ddigon i'w wneud heb gyboli hefo chdi,' meddai Jini Owen eto. 'Ffrindiau ei hun ganddi.'

'O ... dim cydnabod o gwbl ym Mhenuwchwaen, wrth gwrs,' meddai Glenys.

'Heno amdani felly,' meddai Dafydd. 'Mi alwa i amdanat ti tua hanner awr wedi wyth.'

'O'r gorau,' cytunodd Glenys.

Roedd yn amser te cyn y cafodd ddianc o groeso Jini a Sami Owen. Ond roedd hi wedi mwynhau'i phrynhawn er iddi deimlo'n annifyr unwaith neu ddwy pan sonient am ei modryb ... a'i hunigrwydd yn ei blynyddoedd olaf.

Fe geisiodd egluro.

'Mae bai arna i,' cychwynnodd. 'Doeddwn i ddim wedi meddwl llawer am Anti Bet ers blynyddoedd. Ddim ar ôl yr ysgariad ... pan adawodd Dad ni. Mam yn erbyn yn ofnadwy yr adeg honno, a rywsut, hyd yn oed wedi iddi hi farw, chymeris i ddim cam i bontio'r agendor. Roedd yn rhy hwyr, am wn i.'

'Biti,' meddai Sami Owen. 'Colled i chi a'r hen Fiss Robaitsh. Ond fel'na fuodd teuluoedd 'rioed. Methu cymodi.'

'Ia,' cytunodd Glenys. Roedd hi'n teimlo'n well wedi trio egluro, ond efallai mai ei beio a wnâi'r ddau o hyd.

Fe ddanfonodd Sami Owen a Jini hi'n ôl i'r Mynydd Gwyn.

'Mi wela i a Jini chi bore fory,' meddai Sami. 'Hanner awr wedi naw? Mi fydda i wedi ffonio Dilwyn heno 'ma hefyd inni gael taro golwg ar y to 'na.'

'Diolch ichi am eich trafferth,' meddai Glenys. 'Ac am eich croeso hefyd,' ychwanegodd gan droi at Jini Owen.

'Yma i helpu'n gilydd rydan ni,' meddai Jini Owen yn fodlon. 'Mi gaiff Sami fodd i fyw wrth drin pethau ym Mryn Ffynnon, gewch chi weld. Ond peidiwch â chymryd dim iotyn ganddo fo. Cofiwch mai chi ydi'r bòs.'

6

Fe alwodd Dafydd amdani'n brydlon am hanner awr wedi wyth.

'Barod i hobnobio hefo pobl gyffredin?' holodd gan lygadu moethusrwydd cyntedd y Mynydd Gwyn.

'Wrth gwrs,' chwarddodd Glenys. 'Rhaid profi pob agwedd ar fywyd newydd, on'd oes?'

Gwenodd y ddau ar ei gilydd. Rhyfedd fel roedd hi'n teimlo'n gartrefol yng nghwmni Dafydd o'r funud gyntaf un, meddyliodd Glenys. Yn union fel pe bai hi'n ei adnabod erioed. Gwyddai y byddai'n ei mwynhau ei hun yn ei gwmni.

Roedd croesi trothwy'r Marcwis fel camu i fyd arall. Fe hoffodd Glenys yr awyrgylch gynnes gartrefol ar unwaith. Rhyw ddwsin oedd yno ar noson mor oer.

'Sut wyt ti, Dei?' galwodd sawl un.

Roedd chwilfrydedd y tu ôl i'w cyfarchiad.

'Glenys ydi hon,' cyhoeddodd Dafydd. 'Geraint ... Wil ... Rhydwen ... a Robart hefo'i drwyn yn ei beint fan acw. Nia a Shôn yn fan'ma.'

Gwenodd pawb arni a chododd côr o groeso.

'Be gymri di?' holodd Dafydd.

'O ... gwin coch, plîs,' meddai hithau gan adael i'w llygaid grwydro ymysg y llu tebotiau a mygiau a grogai'n lliwgar ar y trawstiau uwchben . . . ac at y tanllwyth tân a ruai i fyny'r simnai fawr.

'Tipyn gwahanol i'r Mynydd Gwyn, 'tydi?' meddai Dafydd yn ei chlust. 'Ddeudis i, do?'

'Do,' cytunodd hithau.

Hebryngodd Dafydd hi at fwrdd bychan ger y tân.

'Iechyd da, a phob hwyl ym Mhenuwchwaen.'

'Ia, 'te?' meddai hithau mewn ymateb. 'Iechyd da, Dafydd.'

Estynnodd Dafydd ei goesau tua'r tân a'i llygadu'n feddylgar am eiliad.

'Be nei di am waith?' holodd. 'Sdim llawer o ddewis yma, ysti. Ddim heb iti drafaelio o'ma.'

'We - el . . .' cychwynnodd Glenys, 'ar ôl cael Bryn Ffynnon i drefn . . . sgrifennu, os medra i.'

'Sgrifennu?' Roedd syndod yn llais Dafydd. 'Be? Gohebydd i bapurau newydd, wyt ti'n feddwl?'

'Wel . . . na. Nid dyna oeddwn i wedi'i feddwl,' meddai Glenys. 'Am fentro ar nofel roeddwn i. Uchelgais gen i erstalwm.'

'Rhydd i bawb ei uchelgais,' meddai Dafydd yn gyffyrddus. 'Fuo gen i fawr 'rioed. Os ca i ddigon o arian i rwbio 'mlaen a phriodi ryw ddiwrnod, mi fydda i'n berffaith fodlon. Dydi moethau'r Mynydd Gwyn yn apelio dim ata i.'

Mor wahanol i Iorwerth, meddyliodd Glenys. Roedd o â'i lygaid ar y geiniog nesaf o hyd. Ond doedd hi ddim am feddwl am rywun roedd hi wedi cefnu arno am byth.

'Mae'r Mynydd Gwyn yn lle iawn i aros ynddo, 'tydi?' meddai. 'Ond fedra i ddim oedi yno'n hir chwaith. Wnaiff y boced ddim caniatáu. Sgwn i faint o waith fydd ym Mryn Ffynnon?'

'Gad ti o i Nhad. Mi fydd wedi trefnu popeth sy angen cyn iti gael dy wynt atat,' cysurodd Dafydd.

'Ia, ond fedra i ddim fforddio gwario llawer ...' cychwynnodd Glenys.

Roedd hi'n dechrau poeni o ddifri am Bryn Ffynnon erbyn hyn. Ac wedi'i melltithio ei hun ganwaith hefyd am beidio ag ystyried cyn neidio. Efallai y buasai'n well iddi chwilio am waith dros dro, meddyliodd. Roedd hi'n ysgrifenyddes dda, ac yn hyddysg mewn llaw fer a thrin prosesydd. Ond doedd dim cyfle ym Mhenuwchwaen ei hun, meddai Dafydd. A sut y byddai hi'n teithio o Bryn Ffynnon bob dydd a hithau heb gar—a ddysgodd hi 'rioed ddreifio p'run bynnag—na hyd yn oed feic!

'Hei ... Glenys.'

Treiddiodd llais Dafydd i'w hymwybod.

'Sori ...?'

'Gwydraid arall o win?'

'Diolch. Ond sudd oren y tro yma.'

'Iawn.'

Cododd Dafydd ac aeth at y bar. Agorodd y drws wrth iddo gyrraedd yno. Trodd Glenys i edrych. O'r nefoedd! Yr horwth Dilwyn Bryn Moel 'na. Trodd yn ôl gan deimlo'r gwrid yn codi i'w hwyneb wrth sylweddoli y byddai'n rhaid iddi siarad ag ef ym Mryn Ffynnon fory, a derbyn ei gymorth hefyd yn ôl Sami. Beth ddywedai hi wrtho? Cydnabod ei bod hi'n ei gofio erstalwm, ynteu ddim?

Wrth gwrs fy mod i'n ei gofio, meddyliodd yn sydyn, a pham celu hynny? Ond fedrai hi mo'i ddioddef. Roedd o'n waeth na Iorwerth!

'Glenys ... Wyt ti ddim wedi cyfarfod Dilwyn, yn naddo?'

Bu'n rhaid iddi droi.

'O ... naddo,' meddai gan ymladd i gadw ei llais yn amhersonol hollol. 'Ddim er pan oeddwn i'n blentyn. Rhyw frith gof sy gen i,' meddai wedyn gan estyn ei llaw.

Roedd yr edrychiad chwerthinog yn dal yn ei lygaid wrth iddo syllu arni.

'Ac wedi dŵad yn ôl i Bryn Ffynnon am ychydig?' meddai.

Am ychydig? Beth oedd o'n 'i feddwl ... am ychydig?

'I aros,' meddai'n gadarn.

'O, meddwl fod blodau brau Llundain yn rhy wantan i'w sefydlu eu hunain yng nghefn gwlad Cymru,' meddai.

'Dim o'r fath beth,' brathodd Glenys. 'Ges i fy magu mewn tre fechan. Ac mi dreuliais i lawer i wyliau yma hefo Anti Bet hefyd.'

'O, ia. Mae cryn flynyddoedd ers hynny, wrth gwrs,' oedd y sylw sych braidd.

Fflamiodd wyneb Glenys. Oedd hwn hefyd yn ei beio am esgeuluso ei modryb?

'Eistedda gyda ni i gael diod,' cynigiodd Dafydd. 'Ydi Nhad wedi dy ffonio ynghylch Bryn Ffynnon?'

'Do. Ond wna i ddim aros rŵan,' meddai Dilwyn.

'Amser gen ti i gael golwg, gobeithio?' holodd Dafydd.

'Oes,' oedd yr ateb moel cyn iddo daflu 'Hwyl' didaro tros ei ysgwydd a diflannu am y drws.

'Mi fyddi di'n iawn hefo Dilwyn a Nhad,' meddai Dafydd heb sylwi fod llygaid Glenys yn fflachio gan dymer.

Yn iawn? Hefo hwnna? Byth! meddyliodd Glenys. Mi fuaswn i'n llwgu cyn mynd ar ei ofyn am ddim. Chaiff o ddim rhoi'i droed trwy giât gardd Bryn Ffynnon. Sbio arna i fel pe bawn i'n chwilen dan garreg!

'Mi fedra i wneud yn iawn hebddo *fo*,' meddai rhwng ei dannedd. 'Rydw i'n siŵr fod ganddo bethau pwysicach i'w gwneud.'

'Barod i roi help llaw i rywun,' eglurodd Dafydd heb sylwi fod dim o'i le. 'Dyna Dilwyn iti 'rioed.'

Cymerodd Glenys lymaid dwfn o'i sudd oren a cheisiodd reoli ei thymer. Byddai'n rhaid iddi anghofio'r cyfan er mwyn mwynhau gweddill y noson gyda Dafydd. Roedd o'n gwmni diddan ac yn llawn cynlluniau am y dyddiau nesaf.

'Rhaid iti ddŵad acw am bryd gyda'r nos ... Mi awn ni allan wedyn,' meddai. 'Mae clwb nos yn Nhre Fach. Beth am fynd yno un noson?'

'Beth am dy ffrindiau eraill?' holodd hithau.

'Cyfarfod nhw yno.'

'Beth am gariad?' mentrodd Glenys.

Gwnaeth Dafydd lygaid bach arni.

'Neb hyd yn hyn,' meddai. 'Ond rydw i wedi codi 'ngobeithion yn ddiweddar.'

Fedrai hi ddim peidio â gwenu. Os bu awgrym erioed!

7

Fe daflodd Glenys gip brysiog arni'i hun yn y drych cyn rhedeg i lawr y grisiau am ei brecwast. Doedd arni hi ddim eisio edrych rywsut, a hithau eisio wynebu'r horwth digywilydd 'na a'i roi yn ei le, gobeithio. Fe'i trinai'n union fel gweithiwr yn gwneud joban am gyflog, a gofyn faint o dâl oedd arno'i eisio. Dyna'r ffordd i'w drin o. Gwas cyflog! Gwenodd. Roedd hi'n hoffi'r syniad.

Fe ddisgwyliai car Sami amdani wrth y fynedfa erbyn iddi orffen ei brecwast. Brysiodd allan. Roedd Jini Owen yn eistedd yn y cefn gyda brwsus llawr a mop a bwced a chadachau'n bentwr wrth ei hochr.

'Waeth inni fod yn barod am bopeth ddim,' meddai wrth i Glenys ddringo i'r sedd ffrynt.

Gwenodd Glenys arni.

'Diolch ichi eich dau,' meddai. 'Wn i ddim beth fuaswn i'n 'i wneud ar fy mhen fy hun.'

'Twt,' oedd yr ateb o'r cefn. 'On'd ydw i wedi dweud fod Sami 'ma'n ysu am waith i'w ddwylo. Nid nad oes angen un neu ddau o betha yn y lle 'cw, 'tasa fo'n 'u gweld nhw. Ond dall adra, a llygadog 'mhell fuo Sami 'ma 'rioed.'

'O,' meddai Glenys heb fod yn siŵr iawn sut y dylai ymateb.

Ond chafodd hi fawr o gyfle.

'Mi ddois i â phicnic bach inni amser cinio 'ma hefyd,' meddai Jini Owen o'r cefn. 'Rhywbeth bach i borthi'r dyn mewnol, 'te? Yn enwedig Sami 'ma. Mae gwaith yn codi eisio bwyd arno fo, a does dim sens mewn rhedeg yn ôl i Benuwchwaen bob pum munud.'

Taflodd Glenys gipolwg i gyfeiriad Sami i edrych sut roedd o'n derbyn y sylwadau. Ond roedd yn amlwg ei fod wedi hen arfer â thafod prysur ei wraig, ac wedi hen gau ei glustiau.

'Mi fydd Dilwyn ym Mryn Ffynnon tua'r deg 'ma,' meddai gan droi'n ofalus am ffordd y mynydd. 'Fe ddaw ag ysgol hefo fo inni gael golwg iawn ar y llechi rhyddion.'

'Ia wir, fedran ni wneud fawr ddim nes setlo'r rheiny,' meddai Jini Owen. 'Be 'di'r iws i Glenys a minnau fustachu i llnau, a lli'r afon yn dŵad i mewn trwy dwll yn y to. Ond peidiwch chi â phoeni, Glenys. Fyddan ni fawr o dro yn cael y lle i drefn wedyn.'

Dreifiodd Sami'n hamddenol nes cyrraedd Bryn Ffynnon. Disgynnodd distawrwydd am eiliad arnynt wrth i'r tri syllu ar yr hen dŷ. Edrychai'n unig a digalon o dan lwydni isel cymylau'r gaeaf. Fel pe bai wedi hen anobeithio y deuai neb i ailgynnau llawenydd o'i fewn unwaith eto.

Daeth lwmp sydyn i wddf Glenys wrth iddi gofio'r dyddiau pell hynny pan oedd hi'n eneth fach ac wrth ei bodd yng nghwmni ei Anti Bet. Mor fuan y gwahanodd digwyddiadau hwy, a chymaint yr oedd hithau'n ei ddifaru rŵan pan oedd hi'n rhy hwyr. Yn rhy hwyr o lawer.

'Mi ddois i â bagiau bin hefyd,' meddai Jini Owen. 'Mae dillad eich modryb yma o hyd, wrth gwrs. A does posib fod llawer o raen arnyn nhw erbyn hyn. Ond mae Oxfam yn falch o bopeth gawn nhw.'

Nodiodd Glenys heb ddweud gair. Rywsut roedd meddwl am glirio pethau personol ei modryb yn codi'r felan arni unwaith eto.

'Dechrau prydlon, gorffen prydlon,' meddai Jini Owen gan gamu allan. 'Rŵan, os gwnewch chi agor y drws, Glenys . . .'

'Rhoswch. Mi helpa i chi hefo nhw,' meddai Glenys wrth ei gweld yn palfalu ymysg y trugareddau yn y cefn.

Gafaelodd mewn cymaint ohonynt ag y gallai a throi am y drws. Yna petrusodd wrth weld Land Rofer yn arafu wrth y giât. Roedd Dilwyn Bryn Moel wedi cyrraedd!

Brysiodd Sami ato.

'Ydi'r ysgolion gen ti, Dilwyn? Fedran ni gyrraedd at

y grib, dŵad? Yn fan'no mae'r rhan fwya o'r drwg, greda i.'

Nodiodd Dilwyn yn ddiseremoni arni cyn troi a'i wyneb ar i waered gyda Sami i astudio'r to. Yn fuan roedd trafodaeth fanwl ar dro ynghylch y ffordd orau i gyrraedd at y llechi rhyddion.

Fe deimlai Glenys yn rêl ffŵl yn sefyll yno a neb yn cymryd sylw ohoni. Brathodd ei gwefus a throi i gyfeiriad y drws.

'Ia, Glenys, agorwch chi'r drws, a gadael llonydd i'r dynion hefo'u busnes eu hunain,' meddai Jini Owen. 'Maen nhw'n ddigon tebol.'

Dilynodd Glenys i'r lobi a chrychodd ei thrwyn.

'On'd oes 'na arogl llwydni mewn tŷ gwag, deudwch?' meddai. 'A dydi heddiw'n fawr o ddiwrnod i agor ffenestri, mae arna i ofn.'

Agorodd y drws i'r lolfa.

'Efalla y medrwn ni gynnau tân,' meddai. 'Synnwn i ddim nad oes digon o lo yn y cwt allan. Mi fydd yn rhywle i ni dwymo'n dwylo wrth gael tamaid.'

Rhoes y fasged bicnic ar lawr a diflannodd am ddrws y cefn.

Gafaelodd Glenys mewn llond llaw o'r bagiau bin a dringo'r grisiau i'r llofft ffrynt. Roedd yn rhy oer i dynnu'i chôt. Daeth arogl hen lafant i'w ffroenau wrth iddi agor drôr y bwrdd gwisgo. Cofiodd fel y byddai'i modryb yn ei gasglu bob blwyddyn o'r llwyni yn yr ardd, ac yn ei sychu cyn ei roi mewn bagiau cotwm a'i gadw rhwng y dillad. Ond hen lafant, a hen lwydni oedd ym mhob drôr yn awr. Tynnodd ffrogiau a siwmperi a dillad isaf, i gyd wedi eu plygu yn ffordd ddestlus ei modryb, allan o'r droriau a pharatoi i'w gwaredu.

'Rŵan, be ga i wneud?' holodd Jini Owen wedi dringo i'r llofft. 'Am orffen y llofft 'ma gynta, 'dach chi?'

Yn fuan iawn roedden nhw wedi llenwi sawl bagiad.

'Mi awn ni â nhw i'r lobi,' medda Jini Owen. 'Fydd Sami fawr o dro'n 'u rhoi nhw yn y bŵt.'

Roedd sŵn rhuglo ysgolion i'w glywed y tu allan.

'Synnwn i ddim nad ydyn nhw wedi gorffen,' meddai Jini Owen. 'Mi gawn ni baned rŵan.'

Daeth y ddau i mewn.

'Dydi'r to ddim mor ddrwg ag yr oeddwn i'n 'i feddwl. Yn nac ydi, Dilwyn?' meddai Sami gan wenu arni.

'Nac ydi wir?' meddai Glenys a'r llawenydd yn ffrydio trwyddi.

Ochneidiodd yn ddiolchgar. Buan iawn y byddai hi'n cartrefu yma o ddifri felly. Fe deimlai fel gafael yn Sami a dawnsio'n egnïol o gwmpas y lobi.

Edrychodd y llygaid llwydion arni.

'Dim achos i lawenhau'n ormodol,' meddai. 'Dechrau ydi'r to.'

'Dechrau?'

'Ia,' meddai mewn llais egluro wrth dwpsyn. 'Dyna'r cyrn â'r craciau yn y waliau y tu allan, y coed pydredig yn y ffenestri, i enwi dim ond ychydig.'

Pwy oedd o'n 'i feddwl oedd o, i siarad fel'na? Edrychodd arno'n heriol.

'Diolch ichi am daflu golwg ar y to,' meddai wrtho. 'Mi ofala i y caiff *popeth* sylw.' Gafaelodd yn ei bag ysgwydd. 'Faint sy arna i ichi?'

Llygadodd y llygaid llwydion hi'n ystyriol am ennyd. Ond cyn iddo ateb fe sniffiodd Jini Owen yn sydyn.

'Mwg,' meddai a chychwyn am ddrws y lolfa. Agorodd

ef i wynebu cymylau o fwg. Dechreuodd besychu'n egnïol.

'Nythod Jac Do's, synnwn i ddim,' meddai Sami'n flin. 'Pam na ddysgi ditha ddisgwyl, Jini?'

'A phwy oedd i wybod, Sami Owen?' holodd Jini'n swta. 'Sgen i ddim dybl fisiwn i sbio i fyny simneua. Y peth gora ydi iti'i setlo fo cyn iti gael paned.'

'Ond mae hi'n amser pan ...'

'Cynta'n byd y tacli di'r corn ... cynta'n byd y cei di baned 'te?' meddai Jini'n gadarn.

Bu bron i Glenys fethu ag atal ei chwerthin. Trodd a'i hysgwyddau'n crynu i gyfarfod yr un wên yn llygaid Dilwyn, ac am eiliad brin fe rannodd y jôc gydag ef. Yna cofiodd ei bod hi'n casáu'r dyn a throdd oddi wrtho.

'Tybed fedrwn ni agor y ffenest?' meddai. 'Jest tra byddwn ni'n cael paned?'

'Hy!' oedd atebiad Jini Owen wrth i Dilwyn ddiflannu i ganol y mwg i achub y fasged bicnic.

Ond storm fer a heulwen barod oedd hi yn hanes Jini a Sami, ac roedd y ddau'n berffaith gytûn uwch y baned.

'Mi drwsiwn ni'r to y pnawn 'ma,' meddai Sami. 'Mae Dilwyn am nôl yr offer.'

'O!' cychwynnodd Glenys.

'Ia?' Roedd min yn llygaid Dilwyn.

'Ym ... mi dala i, wrth gwrs,' meddai Glenys.

'Wrth gwrs,' cytunodd yntau'n glên gan ei gadael i deimlo'n gloff ac annifyr.

Yr horwth!

8

Ychydig iawn o amser i eistedd ac ystyried gafodd hi yn ystod y dyddiau canlynol. Fe alwai Sami amdani yn brydlon am hanner awr wedi naw bob bore, ac fe dreuliai hi a Jini Owen y diwrnod yn glanhau a chlirio tra gweithiai Sami y tu allan.

Daeth Dilwyn yno i ailosod y llechi ar y to hefyd, a bu'r ddau yn archwilio achos y gwlybaniaeth o gwmpas y corn.

'Rhaid tynnu plaster yr wyneb ac adnewyddu'r plwm wrth fôn y corn,' dyfarnodd Dilwyn. 'Joban adeiladydd, wrth gwrs.'

'Wrth gwrs,' cytunodd Glenys gyda her yn ei llygaid.

Hanner gwenodd Dilwyn wrth edrych arni.

'Cwmni John Jones fuasai orau. Mi ffonia i nhw wedi mynd adra.'

Y *fo*'n ffonio? Gwasgodd Glenys ei dannedd rhag y geiriau tanllyd a lechai ar flaen ei thafod.

'Dim angen i *chi* drafferthu,' meddai gyda phwyslais. 'Mi drefna i bopeth.'

'Mi a' i i ffonio rŵan,' oedd yr ateb, fel pe na bai hi wedi dweud gair. 'Gora po gynta.'

'Llawn gwell i Dilwyn wneud,' meddai Sami'n gyffyrddus. 'John a fo yn yr ysgol hefo'i gilydd.'

'O ...' oedd yr unig ateb y llwyddodd Glenys i'w ynganu heb ffrwydro.

Fe synhwyrai fod Dilwyn yn deall ei theimladau i'r dim, ac yn gwneud ati i fwydo'r fflamau hefyd. Wel, châi o mo'r fraint! Unwaith y byddai hi wedi talu iddo am ei drafferth, doedd hi ddim am fynd o fewn milltiroedd i Dilwyn Bryn Moel.

Cododd Dilwyn.

'O, ia,' meddai fel pe bai newydd gofio. 'Gwahoddiad ichi'ch tri acw nos fory. Mam a Nhad ddim wedi cael cyfle i groesawu Glenys yn ôl i Fryn Ffynnon eto.'

'Wel diolcha iddyn nhw, Dilwyn,' meddai Jini Owen. 'Ond ddaw Sami a finna ddim y tro yma. Eglura i dy fam, wnei di? Olwen, fy chwaer acw trwy'r dydd fory, ac mi fydd Sami'n arfer ei danfon adre gyda'r nos. Ond rwy'n siŵr y daw Glenys. Mi fydd ganddoch chi ddigon i siarad amdano fo ... atgofion hen ddyddiau a ballu.'

'Ia, yr hen ddyddiau,' meddai Dilwyn gan wneud wyneb atgofus. 'Roedd Glenys yn rêl hoeden erstalwm. Dringo coed a reidio beic, crwydro'r mynydd a ...' cychwynnodd heibio iddi am y drws '... gwneud addewidion,' meddai o dan ei wynt.

Fe deimlai Glenys ei hwyneb yn gwrido er ei gwaethaf. Trystio fo i'w hatgoffa am bethau felly!

'Mi ddoi di felly?' meddai gan agor y drws. 'Mi fydd Mam yn falch.'

Agorodd Glenys ei cheg i wrthod, yna caeodd hi'n anfodlon drachefn. Doedd gandi ddim esgus dros wrthod.

'Diolch,' meddai. 'Mi ddo i.'

'Mi alwa i amdanat ti tua saith,' meddai Dilwyn.

'Diolch ichi,' meddai hithau.

Fe ddylai'r *chi* yna ei gadw ar hyd braich, meddyliodd, a dangos iddo nad oedd y ffaith eu bod nhw wedi chwarae'n blant yn ddim iddi hi. Addewid trwy waed neu beidio.

'Mi fwynhewch eich hun ym Mryn Moel,' meddai Jini Owen. 'A hogyn neis ydi Dilwyn. Ylwch fel mae o wedi helpu ym Mryn Ffynnon 'ma.'

'Ia,' meddai Glenys rhwng ei dannedd.

Pam roedd o wedi helpu oedd yn bwysig, 'te? Ond fe wyddai hi pam hefyd. Er mwyn cael hwyl am ei phen hi, a chael edliw yr addewid trwy waed erstalwm. Roedd hi'n casáu'r dyn.

'Ac mi ddowch am swper hefo ni heno 'ma, wrth gwrs,' meddai Jini Owen. 'Tamaid ffwrdd â hi. Be 'di'r iws talu trwy'ch trwyn tua'r Mynydd Gwyn 'na?'

'Os ydych chi'n siŵr . . . ?'

'Siŵr iawn,' oedd yr ateb cyffyrddus.

Diolchodd Glenys. Roedd yn dda ganddi gael cwmpeini yn ystod y gyda'r nos hir. Roedd y gwesty mor amhersonol rywsut, ac ystafell wely ddieithr yn ganwaith gwaeth.

Fe geisiodd ddadlau y byddai'n well iddi fynd yn ôl i'r gwesty i ymolchi a newid cyn ymuno â nhw am swper, ond wfftio ati ddaru Jini Owen.

'Twt,' meddai gan ei hebrwng yn benderfynol am yr ystafell ymolchi. 'Mae digon o ddŵr a sebon yma . . . a dim ots am y dillad. Ein cymryd ni fel rydyn ni, 'te?'

'A chitha finna hefyd, felly,' meddai Glenys gan wenu. 'Dydi'r jîns 'ma ddim ffit i dŷ glân.'

Wedi ymolchi fe aeth trwodd i'r gegin i gynnig helpu Jini Owen.

'Dim o'r fath beth,' oedd yr ateb. 'Rydach chi wedi gweithio digon am heddiw.'

'A chitha hefyd,' meddai Glenys.

'Twt,' meddai Jini Owen. 'Ewch trwodd i ymlacio, 'ngenath i.'

Ufuddhaodd Glenys gan deimlo fel plentyn bach. Ond roedd hi'n ddiolchgar am gael eistedd wedi gwaith y dydd. Roedd hi wedi blino . . . ac yn griciau drosti. Fe gwynai pob gewyn o'i heiddo wrth iddi ddisgyn yn swrth ar y soffa. Codi a thrafaelio i'w gwaith, ateb ffôn a threfnu, dyna fu patrwm ei dyddiau yn Llundain. Ond er ei bod hi mor flinedig, fuasai hi ddim yn newid i'r hen drefn am bensiwn!

Dylyfodd ên yn gysglyd. Wnâi hi ddim aros yn hir gyda'r teulu yma heno, er mor falch oedd hi o'u cwmni. Roedd hi wedi blino gormod. Edrychai ymlaen am gael suddo i'r bàth yn y gwesty a hwnnw'n llawn o hylif pîn i ystwytho'i chymalau, ac at noson weddol gynnar wedyn.

Dylyfodd ên eto wrth i synau llestri Jini Owen o'r gegin gilio 'mhellach. Caeodd ei llygaid yn araf a phendwmpiodd. Yna deffrôdd gyda sbonc wrth deimlo cyffyrddiad ysgafn ar ei boch.

'Y - y . . .' meddai'n ddryslyd.

Agorodd ei llygaid i wynebu pâr o lygaid glas wyneb yn wyneb â hi.

'Cysgadur,' meddai Dafydd gan roi cusan arall ar flaen ei thrwyn.

'O . . .'

Roedd o'n plygu drosti ac ni allai symud heb daro ynddo. Astudiodd y ddau ei gilydd lygaid wrth lygaid. Yna gwenodd Dafydd a chyffwrdd ei hwyneb â bys cyfeillgar cyn troi ac eistedd ar y gadair gyferbyn.

Llithrodd y funud dyner oddi wrthynt pan ddechreuodd Dafydd holi am weithgareddau'r dydd.

'Y to wedi'i wneud, meddai Mam?'

'Ydi, ond mae angen gweithio ar y corn. Dilwyn yn mynnu trefnu i gwmni John Jones ddŵad i wneud y gwaith. Wn i ddim pam mae'n rhaid iddo *fo* fusnesu.'

Cododd Dafydd ael ymholgar.

'Dilwyn yn cymryd yr awenau? Llawn gwell iti gymryd ei gyngor. Y bôi yna'n gwybod be mae o'n 'i wneud. Y fo'i hun adeiladodd estyniad at dŷ Bryn Moel. Medru troi'i ddwylo at rywbeth ... dyna Dilwyn iti.'

Fe deimlai Glenys yn siomedig braidd na chynigiodd Dafydd gyngor a help llaw iddi. *Rhywun* heblaw Dilwyn Bryn Moel! Ond roedd ei eiriau nesaf yn egluro pethau i'r dim.

'Waeth i mi heb â chynnig. Gwybod dim am waith adeiladu. Sori.'

Er y croeso, roedd Glenys yn fwy na pharod i ddychwelyd i'r gwesty. Roedd hi bron â disgyn o flinder ac yn ymladd yn erbyn y dyhead i gau'i llygaid a llithro i gwsg.

'Mae'r hogan 'ma'n gweithio'n rhy galed,' oedd barn Jini Owen. 'Rhowch stop arni am fory, da chi, Glenys,' gorchmynnodd wrth ei hebrwng tua'r drws. 'Cymryd hoe fach, yn enwedig a finna ddim yna i roi help llaw ichi.'

Roedd y syniad yn apelio'n arw at Glenys. Fe gâi aros yn hwyr yn ei gwely. Archebu brecwast yn ei hystafell, efallai, a mynd allan yn ddiweddarach i archwilio Penuwchwaen os byddai'r tywydd yn caniatáu.

'Ia, efallai y gwna i,' cytunodd.

'Aiff Sami ddim yno tan drennydd felly,' meddai Jini Owen yn fodlon. 'Mi gaiff aros adra i gadw pen rheswm hefo'i chwaer-yng-nghyfraith.'

Gwenodd Glenys. Doedd dim golwg hapus iawn ar wyneb Sami druan wrth feddwl am beth oedd o'i flaen ...

Dringodd i gar Dafydd yn ddiolchgar, a phendwmpiodd yr hanner milltir cyn cyrraedd y gwesty. Deffrôdd pan stopiodd Dafydd y car o flaen y fynedfa oleuedig.

'Ym - mm! Diolch am fy nanfon i,' meddai'n gysglyd.

'Mi wela i di nos fory,' meddai Dafydd gan estyn ei fraich amdani a rhoi cusan ysgafn arall iddi.

Gwingodd Glenys ychydig yn ei afael. Doedd hi ddim yn siŵr iawn a oedd hi eisio magu perthynas â Dafydd.

'Rydw i'n mynd i Fryn Moel nos fory,' meddai. 'Mr a Mrs Williams wedi estyn gwahoddiad.'

'Noson wedyn, 'ta,' meddai Dafydd. 'Nos da, cariad,' galwodd wrth iddi gamu allan o'r car.

Nid atebodd Glenys, dim ond codi ei llaw a throi am y fynedfa. Arafodd ei cherddediad yn sydyn. Roedd ffigur tal cyhyrog yn sefyll yno. Dilwyn Bryn Moel! Roedd hi'n baglu ar ei draws ym mhob twll a chornel. Agorodd ddrws y gwesty'n foesgar iddi.

'Wedi cael noson dda, rwy'n gweld,' meddai gyda thinc od yn ei lais. 'Nos da, Miss Roberts.'

'Ac i chitha,' meddai Glenys yn oeraidd a'i hwyneb yn fflamio.

Oedd o wedi gweld y gusan a chlywed y 'cariad'? Ond wedyn, pa ots? Doedd o'n ddim o fusnes Dilwyn Bryn Moel pe bai ganddi ugain o gariadon!

Roedd Mari wrth y ddesg pan gerddodd i'r cyntedd. Cofiodd Glenys am ei diwrnod o seibiant, a phenderfynodd archebu brecwast yn ei hystafell.

'Wrth gwrs,' oedd yr ateb esmwyth. 'Ddim am fynd i'r tŷ fory, Miss Roberts? Ond dydi Dilwyn ddim wedi trefnu hefo John eto, yn nac ydi?'

'O, nac ydi,' atebodd Glenys gan ddyfalu sut roedd Mari'n gwybod cymaint.

Wrth gwrs, meddyliodd yn sydyn. Roedd Dilwyn a Mari'n bennaf ffrindiau. Yn *fwy* na ffrindiau. Dyna bwysleisiodd hi wrthi pan gyrhaeddodd.

'Mae Dilwyn bob amser yn rhoi help llaw,' sylwodd Mari. 'Hyd yn oed i ddieithriaid.'

A dieithryn ydw i, debyg, meddyliodd Glenys. Dyna

oedd Mari'n ei bwysleisio. Wel, doedd dim angen iddi bwysleisio dim wrthi hi. Roedd yn hwyr glas ganddi gael gwared â Dilwyn Bryn Moel.

9

Fe gysgodd Glenys nes daeth cnoc gyda'i brecwast fore trannoeth.

'Diolch!' galwodd gan ymestyn yn ddioglyd yn ei gwely.

Cododd a datod y clo. Roedd yr hambwrdd ar y bwrdd bach y tu allan. Cludodd ef i'r llofft a dringo'n ôl i'r gwely.

Dyma beth oedd moethusrwydd, meddyliodd. Chafodd hi ddim cysgu'n hwyr a diogi fel hyn ers y bore hwnnw pan fu hi'n poeni am dorri'r newydd i Iorwerth, rai wythnosau'n ôl.

Gwenodd wrthi'i hun wrth frathu i'r sleisen dôst. Beth wnaeth iddi feddwl am Iorwerth ar fore fel hyn? Prin y deuai hi byth i gysylltiad ag ef eto. Tudalen wedi'i ddarllen oedd Iorwerth iddi bellach.

Ymlaciodd a llymeitian ei the. Beth wnâi hi'r bore 'ma? Edrychodd tua'r ffenestr. Roedd yn ddiwrnod heulog ond oeraidd yr olwg. Estynnodd ei choesau at draed y gwely'n ddioglyd a brathu i'r tamaid olaf o dôst. Roedd yn rhyfedd meddwl nad oedd angen iddi neidio i'w jîns a phrysuro am Bryn Ffynnon i wynebu llwch ac oerni tŷ gwag.

Ond roedd pethau'n dechrau dod i drefn. Ceisiodd drefnu amserlen yn ei meddwl. Fe ddylai symud yno i fyw cyn gynted ag yr oedd modd, beth bynnag a ddywedai rhai pobl am ffenestri pydredig a chraciau yn y waliau. Rhyfedd fel y mynnai pobl gredu eu bod nhw'n gwybod popeth!

Cododd gydag ynni newydd. Roedd diwrnod rhydd yn ymestyn o'i blaen. Fe âi i'r siopau, fe brynai flodau i'w rhoi ar fedd Anti Bet, a chymryd cinio yn y caffi bach yna a welodd hi ym mhen draw'r stryd. Diwrnod cyfan i adnabod ei chynefin newydd, meddyliodd wrthi'i hun wrth ddringo i lawr y grisiau ac allan i'r stryd.

Treuliodd amser diddan yn crwydro'r stryd a'r siopau cyn aros wrth ddrws siop trin gwallt. Mor braf fuasai cael ymlacio yn y gadair, meddyliodd, a chael torri'i gwallt mewn steil wahanol, efallai. Rhywbeth mwy ffasiynol. Aeth i mewn.

'Ddim am ddwyawr, mae gen i ofn,' oedd yr ateb pan holodd y ferch.

'Iawn,' cytunodd hithau.

Buasai hynny'n rhoi amser iddi gael ei chinio a mynd i lawr i'r fynwent hefyd.

'Aaa ... Glenys. Chwilio amdanat ti,' meddai llais wrth iddi adael y siop.

Fe adnabu'r llais cyn iddi droi. Dilwyn Bryn Moel eto! Fedrai hi ddim cymryd cam yn y lle 'ma heb gyfarfod drwyn yn drwyn.

'O, chi sydd yna,' meddai'n llugoer.

Gafaelodd Dilwyn yn ei braich a'i harwain at y Land Rofer.

'Chwilio amdanat ti ers meitin,' meddai. 'Mae angen allwedd Bryn Ffynnon arna i. John am ddŵad yno i weld yr hyn sydd angen ei wneud i'r corn rŵan.' Edrychodd ar ei wats. 'Mi fydd yno'n ein disgwyl ni.'

'Y ni?'

'Wel, ia, waeth i titha ddŵad ddim.'

Daliodd y drws ar agor yn awgrymog a'i lygaid arni.

'Mae gen i bethau eraill i'w gwneud,' meddai Glenys a'i thymer yn codi. 'Cinio ... ac apwyntiad trin gwallt am ddau hefyd.'

'Digon o amser i hynny,' oedd yr ateb dihid. 'I mewn â thi.'

A rywsut, cyn iddi gael eiliad arall i brotestio, roedd hi'n eistedd yn y Land Rofer a'i thu mewn yn drobwll tanllyd.

'Gobeithio eich bod chi'n cadw cownt o'ch treuliau,' meddai'n bigog. 'Fuaswn i ddim yn licio i waith y fferm ddiodda o'm hachos i.'

'Wrth gwrs,' oedd yr ateb rhadlon.

Fflamiodd ei thymer fwyfwy.

'Ac mi fuaswn i wedi cael adeiladydd ar fy liwt fy hun hefyd,' meddai. 'Heb eich poeni chi.'

'Ddim cystal â John,' meddai Dilwyn.

Trodd i edrych arni a'i lygaid yn llawn o'r chwerthin cudd a wnâi i'w thymer fflamio ffyrniced.

'Dim ond helpu ydw i,' meddai. 'Bod yn gymdogol, 'te? Er mwyn y dyddiau gynt.'

'Hy!' meddai Glenys o dan ei gwynt.

'Ddywedaist ti rywbeth?' holodd Dilwyn yn feddal. 'Fy nghlustiau i'n llawn llwch silwair heddiw. Clywed dim. Ac mae llais ambell un mor dyner, yn tydi?'

Brathodd Glenys ei gwefus rhag gwenu'n gynnil. Os oedd o'n meddwl ei fod o am ei seboni fel'na ... wel, roedd o'n gwneud camgymeriad dybryd!

Eisteddodd yn ddistaw tra trafaeliai'r Land Rofer am Bryn Ffynnon. Ac wedi un edrychiad ar ei hwyneb, dechreuodd Dilwyn chwibanu fel pe buasai'n berffaith naturiol i'r ddau ohonynt eistedd mor dawedog.

Dioddefodd Glenys gan wasgu'i dannedd rhag dweud dim. Dioddefodd nes cyrraedd Bryn Ffynnon.

'Gobeithio na fyddwn ni ddim yma'n hir,' meddai'n bigog gan ddisgyn o'r Land Rofer.

Safai fen yr adeiladydd o flaen y tŷ, a phwysai dyn tua'r un oed â Dilwyn arni. Roedd wyneb crwn agored ganddo a gwallt tywyll yn fodrwy o gwmpas corun moel.

'Glenys ... John,' cyflwynodd Dilwyn hwy. 'Glenys 'ma ar dipyn o frys, John. Apwyntiad gwallt pwysig. Wiw ei golli,' eglurodd.

'Nid y trin gwallt sy'n bwysig,' meddai Glenys yn ffromllyd gan godi i'r abwyd er ei gwaethaf. 'Ond fydda i ddim yn arfer gwneud apwyntiadau a pheidio â chadw atyn nhw—beth bynnag yw'r arferiad ym Mhenuwchwaen.'

Edrychodd John o un i'r llall.

'Arfer dŵad ar eich gwyliau yma'n doeddech?' holodd yn gyfeillgar. 'Cofio Dilwyn ers yr adeg honno, debyg?'

Nodiodd Glenys braidd yn swta gan deimlo'r llygaid llwydion ar ei hwyneb.

'Rhyw frith gof,' meddai gan wrthod cyfarfod â'i edrychiad.

'Rydw *i'n* cofio,' haerodd Dilwyn. 'Fedrwn i ddim rhoi troed tros riniog Bryn Moel nad oedd hi'n *neidio* arna i. Creithiau gen i hyd heddiw.'

Brathodd Glenys ei gwefus yn ddig. Oedd o am edliw'r tywallt gwaed fyth bythoedd? Trodd ysgwydd bigog oddi wrtho.

'Fyddwn ni ddim chwinciad,' meddai John gan wenu arni. 'Ond mae'n well gafael ynddi a chithau eisio symud yma'n fuan. A chan fod gen innau ychydig amser sbâr y dyddiau nesa 'ma. Wedi gorffen un contract ... a heb ddechrau un arall ...'

Gwenodd Glenys yn ddiolchgar arno.

'Fedrwch chi'i orffen yn weddol sydyn felly?'

'Os na fydd rhywbeth annisgwyl yn codi wrth gwrs. Rŵan ... yr ysgol 'na, Dilwyn ...'

Trodd hithau i agor y drws a'r cynnwrf disgwylgar yn tyfu o'i mewn. Roedd hi bron â chyrraedd ei nod. Fe gâi ffarwelio â gwesty'r Mynydd Gwyn yn fuan, a chartrefu yma ym Mryn Ffynnon. Pa ots am Dilwyn Bryn Moel a'i fusnesu wedyn?

Edrychodd o'i chwmpas gyda llygaid newydd. Roedd angen papur a phaent ym mhobman. A beth am y gegin a'i chypyrddau bregus a'i sinc tsieni? Fedrai hi ddim byw yma heb drin y fan honno hefyd.

Ochneidiodd. Doedd dim diwedd ar y gôst. Efallai y byddai'n well iddi grybwyll y peth wrth y John Jones yma. A chael pris ganddo. Daeth lleisiau o'r cyntedd a sŵn traed yn esgyn i'r llofft. Brysiodd i fyny ar eu hôl.

'Rhaid cnocio'r hen blaster 'ma. Clyw'r sŵn gwag oddi tano,' meddai Dilwyn.

Cerddodd Glenys i'r llofft yn benderfynol. Anwybyddodd Dilwyn a throdd i wynebu John.

'Fedri di roi amcangyfrif o'r gôst imi?' holodd. 'Ac mi fuaswn i'n licio cael pris ar drin y gegin hefyd.'

'Wrth gwrs,' oedd yr ateb. Aeth John i lawr y grisiau ar unwaith.

Dilynodd hithau heb gymryd sylw o Dilwyn. Dyna ddysgu iddo fynnu rhoi ei big i mewn, meddyliodd. Roedd hi'n berffaith abl i drefnu popeth ei hun.

'Wel . . .' meddai John, gan droi at Dilwyn a oedd wedi eu dilyn i'r gegin. 'Gan dy fod ti'n addo helpu gyda'r gwaith cnocio, Dilwyn . . .'

'Dilwyn i helpu? Ond does dim angen . . .' cychwynnodd Glenys.

Edrychodd Dilwyn arni ag oerni'n llechu y tu ôl i'w lygaid.

'Rydyn ni'n arfer helpu'n gilydd yma ym Mhenuwchwaen, Glenys,' meddai.

'Ond beth am waith y fferm?' holodd hithau'n chwithig. 'Mi dala i, wrth gwrs.'

'Wrth gwrs,' oedd yr ateb oeraidd.

Daria'r dyn am wneud iddi deimlo'n annifyr, meddyliodd Glenys.

'Mae tamprwydd yn yr hen furiau yma,' sylwodd John. 'Mae'n dibynnu faint wyt ti am 'i wario, Glenys. Mi gostith triniaeth dda gryn dipyn.'

'Faint?' holodd Glenys yn foel.

'Wel . . . i wneud y tŷ i gyd . . . pedair . . . pum mil o bunnoedd.'

Agorodd Glenys ei cheg . . . ond rywsut ddeuai dim gair allan.

Gwenodd John.

'Sôn am godi'r lloriau ydw i . . . yma ac yn y lolfa a'r cyntedd. Teils ar bridd mewn tŷ yr oed yma, wel'di. Yna gosod concrit gyda haen blastig oddi tano, a chwistrellu'r muriau hefo stwff arbennig ac ati . . . plastro wedyn, ac wrth gwrs, mae'r unedau cegin am gostio rhai cannoedd yn ychwanegol. Ond does dim rhaid mynd i'r eithafion. Os nad wyt ti eisio gwario gormod, mae modd cymodi, a thrin llai.'

'Dibynnu faint mae Glenys am aros, 'tydi?' meddai

Dilwyn yn felys. 'Efallai mai deryn tros nos fydd hi. Dydi'r blodau Llundain 'ma ddim yn aros yn hir yn y wlad, ysti, John.'

Brathodd Glenys ei gwefus rhag ffrwydro.

'Amser a ddengys, yntê?' meddai.

Roedd o'n edliw nad oedd hi am gartrefu yma ym Mryn Ffynnon. Y digywilydd-dra! Oedd o'n credu nad oedd ganddi ddigon o asgwrn cefn i aros? Fe gâi weld am hynny.

'Wel,' meddai Dilwyn gan droi am y drws. 'Mae gwaith y fferm yn galw. Mi ei di â Glenys yn ôl, John? Waeth i mi heb ag aros i wrando ar gyfrinachau'r gwario.'

Taflodd winc ysgafn i'w chyfeiriad a diflannodd am y Land Rofer.

Wel! meddai Glenys yn ffromllyd wrthi'i hun. Roedd o'n bencampwr ar godi gwrychyn!

'Mi waria i'n gymhedrol ar hyn o bryd,' meddai'n siarp wrth John. 'Gwaith hollol angenrheidiol yn unig. Digon i fyw yma'n weddol gyffyrddus.'

Fe deithiodd yn ôl i Benuwchwaen yn fen John wedi iddynt gytuno'n union beth i'w wneud i'r tŷ, a chydag addewid bendant gan John y buasai'n cwblhau'r gwaith yn ystod y pythefnos nesaf. Wrth lwc, nid oedd angen trin y llofft gefn a'r ystafell ymolchi, na'r ystafell fach ar ben y grisiau ac fe glustnododd hi'n stydi iddi'i hun ar unwaith. Fe gâi beintio a phapuro'r rheiny'n syth bin. Ffarweliodd ag ef yn llawn cynlluniau. Fory nesaf, meddyliodd. Fe ddewisai bapur a phaent, a chael popeth yn barod ym Mryn Ffynnon erbyn bore Llun.

Cymerodd ginio ysgafn o gawl a rôl yn y caffi bach a brysiodd wedyn am ei hapwyntiad trin gwallt. Roedd hi am ddewis steil newydd a gwisgo mor ddeniadol ag y gallai i fynd i Fryn Moel heno. Nid er mwyn yr horwth, wrth gwrs, ond er ei boddhad hi'i hun.

Fe eisteddodd yn sedd y triniwr gwallt a rhoi perffaith ryddid iddo.

Yn ddiweddarach, ychydig cyn saith, roedd hi'n fodlon iawn ar yr eneth a syllai arni o ddrych ei llofft. Rhyfedd. Roedd y steil newydd wedi'i thrawsnewid. Ni allai gredu fod y Glenys gyffredin a'i chwmwl o wallt cringoch wedi diflannu a gadael rhywun hollol wahanol yn ei lle. Ond roedd o'n wir! Pam na thorrodd hi ei gwallt yn Llundain, yn lle bodloni ar dynnu crib brysiog drwyddo cyn rhedeg am ei gwaith bob dydd. Efallai fod bywyd arafach y wlad am roi amser iddi ganolbwyntio ychydig arni hi'i hun a'i deffro i'r posibiliadau hefyd! Doedd a wnelo Dilwyn ddim â'r penderfyniad, wrth gwrs!

Rhoes nòd fach foddhaus arni'i hun cyn gafael yn ei chôt a dringo i lawr y grisiau. Roedd Dilwyn yn siarad gyda Mari. Trodd y ddau i edrych arni'n nesáu.

Lledaenodd llygaid Mari am eiliad wrth sylwi ar ei gwedd newydd, yna trodd yn ôl at Dilwyn.

'Rydw i bron â gorffen,' meddai. 'Wyt ti am fy nisgwyl, debyg?'

Ysgydwodd Dilwyn ei ben.

'Ddim heno,' meddai. 'Wedi dŵad i nôl Glenys rydw i.'

Duodd wyneb Mari.

'Nôl . . . Glenys?'

'Ia. Mam a Nhad am ei chroesawu.'

Ymlaciodd Mari.

'O! Os felly, does dim rhaid i *ti* aros, yn nac oes? Dim ond danfon Miss Roberts acw.'

Gafaelodd yn ei fraich a gwenodd i'w lygaid.

'Mi awn ni adra a chael noson gyffyrddus wrth y tân. Jest y ni'n dau, fel arfer.'

Taflodd gipolwg i gyfeiriad Glenys a'i hwyneb yn adlewyrchu'i phenderfyniad.

'Fydd dim ots ganddoch chi, Miss Roberts, yn na fydd?'

Safodd Glenys yn ddistaw am eiliad.

'Na fydd, wrth gwrs,' meddai'n dawel o'r diwedd. 'Dydw i ddim am ddrysu eich noson. Efallai y buasai'n well imi ffonio Dafydd? Mi aiff o â mi.'

Tynnodd Dilwyn ei fraich yn rhydd o afael Mari.

'Na, wrth gwrs 'mod i'n mynd â chdi,' meddai'n bendant. Gwenodd ar Mari. 'Dydi o ddim yn gyfleus heno, Mari,' ychwanegodd. 'Barod, Glenys?'

Brathodd Mari ei gwefus wrth droi oddi wrtho a saethu edrychiad fel picell i gyfeiriad Glenys. Symudodd ei llygaid yn araf o'i chorun i'w sawdl, a dychwelyd i sefydlu'u hunain ar ei gwallt drachefn.

'*Mae'ch* gwallt chi'n edrych yn ddel, Miss Roberts,' meddai'n felys. 'Sbesial?'

Teimlodd Glenys y gwrid araf yn dringo i'w gruddiau.

'Haws ei drin yn gwta wrth weithio ym Mryn Ffynnon,' meddai yr un mor felys.

'Wrth gwrs,' meddai Mari'n esmwyth.

Ond roedd ei hwyneb yn dangos anghredinedd ... a rhybudd! Cadw draw, efallai?

Roedd yn dda gan Glenys ganfod mai car oedd gan Dilwyn y noson honno, ac nid y Land Rofer. Buasai wedi cael cryn drafferth i ddringo i mewn i hwnnw a hithau mewn sgert ffasiynol syth. Ac mi fuasai'r horwth yn siŵr o gael hwyl wrth ei gweld yn stryffaglo.

'Meddwl fod yn well imi ddŵad â'r car heno,' sylwodd Dilwyn yn union fel pe bai'n medru darllen ei meddyliau. 'A finnau ddim yn gyfarwydd â *glad rags* merched Llundain, yntê?'

Gwasgodd Glenys ei dannedd.

'Diolch,' meddai'n felys. 'Neis cyfarfod pobl feddylgar.'

'O, rydyn ni'n rêl boneddigion ym Mhenuwchwaen 'ma,' meddai Dilwyn. 'Sylwi fod Dafydd hefyd.'

'Dafydd?'

'Sylwi ei fod o'n hoff o ddanfon pobl adre ...'

'Ydi, 'tydi?' meddai Glenys.

Syrthiodd distawrwydd rhyngddynt. Syllodd hithau ar y llwyni'n gwibio heibio'n fesmeraidd yng ngolau'r lampau. Rywsut, fedrai hi ddim peidio â sylwi ar ddwylo cryfion Dilwyn ar y llyw. Dwylo cryfion, ond dwylo a allai anwesu'n dyner hefyd, tybiodd. Oedd o a Mari'n gariadon? Ond beth oedd hynny iddi hi? Fe deimlai'n filwaith fwy cartrefol yng nghwmni Dafydd.

'Noson braf, Miss Roberts. Ydi wir, Mr Williams. Mwynhau eich hun, Miss Roberts? Yn ardderchog, Mr Williams.'

Sbonciodd Glenys o'i breuddwydion.

'B-be? O ... sori. Fy meddwl i 'mhell,' eglurodd yn herciog.

'Ble arall?' cytunodd Dilwyn.

'Ble arall, be?' holodd Glenys yn ddryslyd.

'Ble arall ond ymhell, wrth gwrs,' meddai Dilwyn. 'Efo rhywun arbennig tua Llundain 'na efallai?'

'O, na,'

'Neb yno, felly?'

Gwylltiodd Glenys. Pa hawl oedd ganddo i holi? A pha esgus heblaw busnesu, p'run bynnag?

'Wel ... efallai,' meddai'n gynnil.

Cyraeddasant fuarth Bryn Moel. Ai yn ei dychymyg hi roedd yr oerni sydyn rhyngddynt? Crychodd ei thalcen mewn penbleth. Doedd hi wedi dweud dim i'w bechu.

Agorodd drws y tŷ gan arllwys goleuni ar y concrit. Safai Mrs Williams yno.

'Croeso aton ni, Glenys,' meddai'n gyfeillgar. 'Dowch o'r oerni a thynnwch eich côt.'

Roedd tanllwyth o dân yn y lolfa. Ffrydiodd atgofion i feddwl Glenys wrth iddi edrych o'i chwmpas.

'Rydw i'n cofio'r dreser, Mrs Williams,' meddai gan wenu. 'A'r jygiau pres hefyd.'

'Dreser fy nain,' oedd yr ateb. 'A dreser fy merch-yng-nghyfraith pan briodith Dilwyn 'ma ryw dro. Mi gaiff William a minnau ymddeol wedyn a symud i lawr i Ben-uwchwaen.'

Priodi Mari? Dyfalodd Glenys sut y cymodai merch mor ffasiynol olygus â bywyd fferm. Ond eto, os oedd Mari'n caru Dilwyn ... ac yntau'n ei charu hithau ...

Ysgydwodd y syniad annifyr ymaith a cheisio ymlacio a mwynhau'r noson. Eisteddai Dilwyn gyferbyn â hi wrth y bwrdd. Unwaith neu ddwy cyfarfu eu llygaid wrth sgwrsio am yr hyn a'r llall, ac fe'i melltithiai ei hun wrth deimlo'r gwrid ysgafn yn dringo i'w hwyneb.

Beth oedd arni, yn neno'r tad? Wedi'i gwahodd yma am ychydig i gyfarfod cyfeillion plentyndod roedd hi. Pam y mynnai gofio'r funud honno pan gymysgodd ei gwaed hi â gwaed Dilwyn yn afon araf mewn addewid o briodas ryw ddydd. Chwarae plant oedd hynny: ac roedd o fyd cyfan i ffwrdd erbyn hyn.

'A be wnewch chi wedi symud i Bryn Ffynnon, Glenys?' holodd Mrs Williams. 'Ydych chi'n chwilio am waith?'

'Dydw i ddim wedi penderfynu eto,' atebodd hithau.

Rywsut roedd hi'n amharod i ddatgelu ei gobeithion yng ngŵydd Dilwyn. Doedd hi ddim am iddo ddweud wrth Mari. Fe fuasai'n wahanol pe câi lwyddiant. Câi'r byd i gyd wybod wedyn.

'Dim llawer o waith yn y cyffiniau,' sylwodd Mr Williams. 'Ac, wrth gwrs, mae Bryn Ffynnon ymhell o gyrraedd bysiau. Ysgrifenyddes oeddech chi, 'te?'

'Wel ... ia a naci,' meddai Glenys. 'Roeddwn i'n rhannol berchen ar asiantaeth, efo Sioned, fy ffrind. Llawer o waith teipio ac ati, wrth gwrs.'

Torrwyd ar y sgwrs gan ganiad y ffôn. Brysiodd Mrs Williams i'w ateb gan adael y drws yn agored. Daeth ei llais o'r cyntedd.

'O, Mari. Chi sy 'na. Dilwyn? Ydi. Mi waedda i arno fo.'

Daeth yn ôl i'r lolfa.

'Mari, Dilwyn,' meddai.

Ond roedd Dilwyn ar ei draed yn barod.

'Esgusoda fi,' meddai wrth Glenys.

Aeth trwodd gan gau'r drws yn ofalus ar ei ôl. Bu trwodd am amser maith.

Ceisiodd Glenys ganolbwyntio ar sgwrsio Mr a Mrs Williams. Ond ni allai rwystro ei llygaid rhag crwydro at y cloc a chyfri munudau hirion y sgwrs ar y ffôn.

'Diolch ichi am noson ddiddan,' meddai gan godi pan ddychwelodd Dilwyn. 'Ond mae'n well imi fynd yn ôl rŵan. Mi fydd Sami'n galw amdana i'n fuan fory.'

'Wel, cofiwch, rhywbeth all Dilwyn ei wneud,' meddai Mr Williams. 'Dim ond gofyn, 'te?'

'Diolch,' meddai hithau gan wybod yn iawn fod mwyniant yn llygaid Dilwyn wrth iddo edrych arni.

Fe ddeallai o ei theimladau ar y pwnc hwnnw i'r dim.

10

Roedd Mari wrth y ddesg pan ddaeth Glenys i lawr y grisiau fore trannoeth.

'Bore da, Miss Roberts,' oedd ei chyfarchiad esmwyth. 'Ar frys am Bryn Ffynnon heddiw eto?'

'Wrth gwrs,' meddai Glenys. 'Llawer o waith i'w wneud yno o hyd.'

'Roeddwn i'n deall neithiwr eich bod chi am drin y gegin,' meddai Mari. 'A'r cyrn hefyd, yntê? Ond rydych chi'n gall iawn yn peidio â gwario gormod. Rhag ofn ichi ailfeddwl, a pheidio aros.'

'Does dim cwestiwn o beidio aros,' meddai Glenys yn bendant.

Wel! meddyliodd yn ddig wrthi'i hun. Fedr y Dilwyn Bryn Moel 'na ddim cau'i geg am ddim? Pa hawl oedd ganddo i ddweud wrth Mari o bawb? Pa fusnes oedd o iddo fo p'run bynnag?

'Rwy'n gweld fod Dilwyn wedi bod yn brysur,' meddai gan geisio peidio â swnio'n bigog.

'Dilwyn wed ...' Daeth syndod i lygaid Mari am eiliad. Yna gwenodd. 'Wrth gwrs. Mi gawson ni sgwrs hir neithiwr. Wel, pob nos yn ôl ein harfer, os bydd Dilwyn yn methu â dwad allan.'

Bwytaodd Glenys ei brecwast gan ddal i deimlo'n ddig. Roedd yn hen bryd iddi gael gwared â chymorth Dilwyn Bryn Moel. Ond sut oedd hynny'n bosib ac yntau'n mynnu busnesu?

Dafydd gyrhaeddodd i'w nôl am hanner awr wedi naw. Rhoes chwibaniad isel pan welodd ei gwallt.

'Neis. Neis iawn hefyd,' sylwodd.

'O, hylô,' meddai Glenys yn syn braidd. 'Wyt ti ddim yn gweithio heddiw?'

'Dad a Mam ddim cweit yn barod y bore 'ma,' eglurodd Dafydd. 'A finna eisio trefnu am heno, 'te?'

'Heno?'

'Mynd allan, 'tydyn?'

'Os wyt ti'n dweud,' cytunodd Glenys gyda gwên.

'Dydw i ddim am golli cyfle i ddangos y pishyn newydd 'ma. Clwb nos Tre Fach yn iawn?'

Ymlaciodd Glenys yn ei sedd wrth i'r car gychwyn.

'Wrth gwrs,' meddai. 'Rhywbeth ar ôl diwrnod caled ym Mryn Ffynnon.'

Roedd Sami a Jini Owen yn disgwyl amdanynt.

'Tan heno, 'ta,' galwodd Dafydd wrth i Glenys symud o gar i gar.

Er syndod iddi, roedd John a dau o'i weithwyr ar ben y to pan ddaethant i Fryn Ffynnon.

'Un dygyn ydi John,' meddai Sami yn foddhaus. 'Fydd o fawr o dro'n cael pethau i drefn, gewch chi weld.'

'Roeddwn i'n meddwl chwilio am ychydig o bapur a phaent y pnawn 'ma,' meddai Glenys wrth agor drws y tŷ. 'Am baratoi'r ystafell molchi a'r llofft gefn. Yr ystafell fach ar ben y landin hefyd.'

'Syniad da,' meddai Jini Owen. 'Rydych chi'n siŵr o fod wedi diflasu yn y Mynydd Gwyn erbyn hyn, heb sôn ei fod o'n costio ffortiwn! Mae Sami a minnau wedi bod yn trafod. Liciech chi ddŵad aton ni am ychydig, Glenys? Dydw i ddim yn licio meddwl amdanoch chi'n talu trwy'ch trwyn yn y Mynydd Gwyn, ac ystafell sbâr ganddon ninnau. Dowch aton ni.'

Wyddai Glenys ddim beth i'w ddweud. Doedd dim dadl na fuasai hi'n hoffi gadael y Mynydd Gwyn, yn enwedig â hithau'n dechrau pryderu am ei holl gostau annisgwyl. Ond doedd hi ddim eisio manteisio ar garedigrwydd dau a fu'n gefn ac yn ffrindiau iddi ers pan ddaeth yma chwaith.

'Dim ond os ca i dalu am fy lle,' meddai o'r diwedd. 'A thalu'n iawn hefyd.'

'Mi gawn ni setlo pethau felly eto,' meddai Jini Owen yn gyffyrddus.

'Na, rhaid ichi addo rŵan,' mynnodd Glenys gyda gwên. 'Ddo i ddim fel arall. Rydw i wedi mynd ar eich gofyn ddigon fel y mae. Fedra i byth dalu'n ôl ichi. Ydych chi'n addo?'

'Wel ... ôl reit, 'ta,' meddai Jini Owen yn gyndyn. 'Ond, dalltwch chi, mae'r ddyled o'r ddwy ochr, Glenys. Bendith ydi cael gwaith i ddwylo Sami 'ma, yn lle 'mod i'n baglu ar ei draws o fyth a beunydd. Methu cael gwared â fo fyddwch chi unwaith y caiff o ddechrau ar ardd Bryn Ffynnon 'ma. Pa bryd dowch chi?'

Cyn i Glenys ateb, daeth sŵn modur o'r tu allan.

'Bobl! Pwy sy 'na rŵan?' holodd Jini Owen gan brysuro'n fusnes i gyd at y ffenestr.

'Dafydd,' meddai. 'A rhywun gyda fo. Merch ddiarth. Gwallt melyn ganddi. Mae hi'n dŵad i fyny llwybr yr ardd, a Dafydd wrth ei chwt. Diar annwyl! Pwy all hi fod, deudwch?'

'Gwallt melyn? Nid Sioned ydi hi 'rioed?'

Prysurodd Glenys at y ffenestr a rhoes sgrech sydyn falch cyn troi a rhedeg am y drws.

'Sioned!' gwaeddodd gan redeg i'w chofleidio. 'O ble doist ti? Pam na fuaset ti'n dweud? Mi fuaswn i wedi dy gyfarfod di. Am faint wyt ti'n aros?'

'Dal arni,' chwarddodd Sioned a'i hwyneb yn llawn chwerthin. 'Pam na fuaset ti'n sgwennu . . . neu'n ffonio? *Un* cerdyn gefais i gen ti a neges fythgofiadwy arno fo. "Wedi cyrraedd. Sgwennu eto." Be mae hynny'n ddweud wrth neb?'

Arhosodd Sioned i gymryd ei gwynt ac i edrych o ddifri ar y tŷ a'r ardd.

'A fa'ma ydi Bryn Ffynnon. Dwyt ti ddim yn byw yma eto meddai . . .' a throdd i wenu ar Dafydd, '. . . Dafydd.'

Ni allai Glenys beidio â gwenu. Trystio Sioned. Dwy funud yng nghwmni dyn ac roedd hi'n ffrindiau pennaf ag o.

'Ddim eto,' cytunodd. 'Ond tyrd i mewn. Be amdanat ti, Dafydd? Oes gen ti amser?'

Yna gwenodd eto. Roedd golwg dyn wedi ei swyno'n llwyr ar Dafydd. Nid atebodd.

Rhoes hithau bwniad ysgafn iddo.

'Am ddŵad i mewn?'

Gwnaeth Dafydd ymdrech deg i dynnu'i lygaid oddi ar Sioned.

'N - na,' meddai. 'Gwaith yn galw. Beth am eich cês chi, Sioned?'

Trodd Sioned wyneb ymholgar at Glenys.

'Beth am y gwesty 'na rwyt ti'n aros ynddo fo? Iawn am noson? Rhaid imi fynd yn ôl fory, wrth gwrs.'

'Mae 'na ystafelloedd gwag, rwy'n gwybod,' meddai Glenys. 'Does dim llawer o ymwelwyr yn y gaeaf fel hyn.'

Trodd Sioned i wenu'n gynnes ar Dafydd.

'Wnei di archebu ystafell imi a gadael y cês?'

Daeth golwg glwyfus i lygad Dafydd wrth wynebu'r wên. Teimlodd Glenys y giglan yn codi i'w gwddf. Roedd edrychiad 'menyn poeth' Sioned yn sicr o labyddio calon unrhyw ddyn.

'Wrth gwrs,' meddai Dafydd yn gwbl golledig.

'Dyna hynna wedi'i drefnu,' meddai Sioned yn gwbl effro i'r effaith a gafodd hi ar Dafydd druan. Gwenodd yn glên arno. 'Diolch . . . Dafydd,' meddai'n gariadus.

Llifodd ton o wrid i wyneb Dafydd a throdd ar ei sawdl i'w guddio.

'Croeso,' mwngialodd.

Trodd Sioned am y tŷ.

'Dangos y plasty 'ma imi, wnei di? Rydw i ar dân eisio'i weld.'

Trodd Glenys gyda hi, yna petrusodd yn sydyn.

'Munud i gael gair hefo Dafydd,' meddai'n frysiog cyn rhedeg at y giât.

'Sori. Fedra i ddim dŵad heno, wrth gwrs,' meddai. 'Ddim â Sioned yma.'

'Ddaw . . . Sioned hefyd?' holodd Dafydd. 'Biti colli noson.'

Daeth llygedyn o ddifyrrwch i lygaid Glenys.

'Eisio meithrin y berthynas, Dafydd?' holodd.

'Ym - mm!' Pesychodd Dafydd i guddio'i anniddigrwydd. 'Neis mynd â *dwy* ddel allan, 'tydi?' meddai.

'Mae synnwyr yn hynna,' cytunodd Glenys. 'Mi sonia i wrthi, a dy ffonio di nes ymlaen. Iawn?'

Trodd yn ôl am y drws . . . a Sioned.

'Un arall yn brathu'r llwch, Sioned,' meddai. 'Be wyt ti'n 'i wneud i'r dynion 'ma, dywed?'

'Doedd gen ti 'rioed ddiddordeb, Glen?' holodd Sioned yn sydyn boenus.

'Nac oedd, siŵr. Ffrind. Ffrind da ers pan ddois i yma hefyd. A'i rieni. Ond ble mae Jâms? *Y* cariad?'

Giglan wnaeth Sioned a gafael ym mraich Glenys.

'Pen rhy fawr ganddo fo. Golygus, a gwybod ei fod o hefyd.'

Cerddodd y ddwy i'r tŷ.

'Jini,' galwodd Glenys. 'Dyma Sioned. Fy ffrind o Lundain.'

Safodd Glenys yn ôl i fwynhau Sioned ar ei gorau. Doedd neb tebyg iddi pan fyddai hi am blesio. Ac yn fuan roedd Jini a Sami wedi'u cyfareddu'n llwyr ganddi.

'Hogan neis ... a manesol,' sylwodd Jini Owen wrth gael eiliad ddistaw yng nghwmni Glenys tra oedd Sami'n dangos yr ardd i Sioned. 'A hynod o ddel hefyd.'

Roedd Sioned wrth ei bodd gyda Bryn Ffynnon.

'Mi ddo i yma am benwythnos lawn y tro nesa,' meddai'n ddiweddarach wrth Glenys. 'Jest y lle i ymlacio oddi wrth waith y dre.'

Roedd golwg ddiniwed berffaith ar ei hwyneb.

'A does a wnelo Dafydd ddim byd â'r penderfyniad sydyn 'ma, debyg?' holodd Glenys.

'Dafydd?' holodd Sioned fel pe na bai hi erioed wedi clywed am y ffasiwn berson.

'Paid â thrio taflu llwch. Rydw i'n dy nabod di'n rhy dda,' meddai Glenys.

'We - el. Mae o'n *ddiddorol,* 'tydi? Nid golygus ... ond diddorol. Oes ganddo fo gariad?'

'Neb ond y fi,' meddai Glenys.

'O . . . na. Mi ddeudist ti'n wahanol.'

'Tynnu dy goes di, siŵr.'

'Wel, diolch am hynny,' meddai Sioned. 'Mae'r bachan *yna*'n haeddu cael ei nabod yn well. Yn well o lawer.'

'Gei di gyfle heno,' meddai Glenys. 'Mae o'n cynnig mynd â ni i glwb nos.'

'Grêt!' meddai Sioned. 'Wyddwn i ddim bod 'na ffasiwn leoedd yng nghefn gwlad.'

Roedd Jini Owen wedi dod â'u picnic arferol erbyn amser cinio. Ac wedyn, fe aeth Sami â Sioned a hithau i lawr i Benuwchwaen i brynu papur a phaent.

'Mi arhosa i amdanoch chi yn fan'ma,' meddai Sami gan barcio ar ochr y stryd. 'Os byddwch chi eisio help i gludo, gwaeddwch.'

'Wyt ti'n berffaith hapus yma, Glen?' holodd Sioned wrth iddynt gerdded i lawr y stryd. 'Dim hiraeth am Lundain?'

'Dim,' meddai Glenys. 'Ond mi rydw i'n gwario mwy nag a feddyliais i. Ddim 'mod i eisio arian o'r asiantaeth chwaith,' prysurodd i egluro. 'Ond mae'n rhaid imi ddechrau sgwennu'n fuan, cyn i'r geiniog ola fynd. A dydi costau'r Mynydd Gwyn fawr o help.'

'Drud?'

'I aros yn hir.'

Troasant am y siop D.I.Y. Roedd Land Rofer llychlyd yn sefyll o'i blaen a chorff tal cyhyrog yn codi planciau iddi. Trodd pan oedd y ddwy ar fin mynd i'r siop.

'Hylô . . . Glenys,' meddai.

'Daria!' meddai Glenys o dan ei gwynt.

Edrychodd Sioned arni gyda diddordeb.

'O . . . hylô,' atebodd Glenys gan wneud osgo i fynd i mewn yn syth.

Brasgamodd Dilwyn ar hyd y palmant ac estyn llaw i agor y drws i'r ddwy.

'Yyy ... Dyma Sioned ... Dilwyn,' meddai'n anfodlon.

Llygadodd Dilwyn Sioned a lledaenodd gwên araf tros ei wyneb.

'Sioned! Mae'n dda gen i dy gyfarfod ti.'

Hy! meddyliodd Glenys rhwng blinder a rhyw deimlad anghyffyrddus arall nad oedd hi'n barod i'w wynebu. Dyna un arall yn brathu'r llwch wrth wynebu prydferthwch Sioned. Doedd dim ots ganddi am Dafydd ... ond rywsut *roedd* ots am Dilwyn. Cynyddodd ei diflastod wrth glywed Dilwyn a Sioned yn sgwrsio fel pe baen nhw wedi nabod ei gilydd erioed.

'Aros yn hir, Sioned?'

'Dim ond heno y tro yma.'

'Lle tawel iawn yma. Ddim 'run fath â Llundain.'

'Mae clwb nos yma, 'does? Glenys a fi'n mynd yno hefo Dafydd heno.'

'Braf ar rai. Adra wrth y tân y bydda i.'

Agorodd Sioned ei llygaid yn fawr.

'Wel ... dydi peth felly'n dda i ddim, yn nac ydi? Pam na wnawn ni bedwar heno?'

'O ... dydw i ddim yn meddwl ...' cychwynnodd Glenys yn ffrwcslyd.

'Pleser dŵad,' meddai Dilwyn a'r llygedyn chwerthinog hwnnw yn ei lygaid llwydion.

'Argian!' meddai Sioned yn ddiweddarach. 'Ble'r wyt ti'n 'u cael nhw, dywed? Tal! Cyhyrog! Pishyn! Ateb i weddi unrhyw ferch.'

'Nabod o pan oeddwn i'n blentyn,' meddai Glenys yn swta.

Edrychodd Sioned yn wybodus arni.

'Dipyn *bach* o ddiddordeb ... efallai?'

'Dim o'r fath beth,' meddai Glenys yn or-bendant. 'Casáu'r dyn. Busneslyd. Digywilydd ...'

'Www! Swnio fel pe bait ti wedi'i bwyso a'i fesur,' sylwodd Sioned.

Gwridodd Glenys.

'Mae ganddo fo gariad, p'run bynnag,' meddai'n siort. 'Mari. Gweithio yn y Mynydd Gwyn. Mi gei di'i gweld heno. Rêl model.'

Edrychodd Mari'n graff pan welodd Sioned yn y cyntedd. Llithrodd ei llygaid trosti, ond y tro yma nid oedd dim y gallai ei feirniadu. Roedd Sioned mor olygus a chanddi ddillad yr un mor ffasiynol â hithau.

'Croeso i'r Mynydd Gwyn,' meddai'n broffesiynol. 'Rhif 8. Mae'ch cês yno'n barod.'

Wedi cinio hamddenol fe aeth y ddwy trwodd i'r lolfa i ddisgwyl Dafydd. Er i Glenys geisio ymddangos yn hollol hunanfeddiannol, roedd ei thu mewn yn mynnu troi er ei gwaethaf. Beth a ddigwyddai heno? Sioned a Dafydd? Sioned a Dilwyn? Ynteu a fyddai'r ddau'n rhoi'u holl sylw i'w ffrind a'i gadael hithau'n gwsberan yng nghwmni tri?

11

Fe gyrhaeddodd Dafydd a Dilwyn i'w nôl yn brydlon. Duodd wyneb Mari pan welodd y pedwar ohonynt yn y lolfa. Yna gwenodd.

'Dilwyn!' meddai a'i llais yn llawn mêl.

Yna ysgubodd ei llygaid i gyfeiriad Glenys ac ymhellach wedyn at Dafydd a Sioned a oedd yn amlwg yn mwynhau cwmni ei gilydd.

'Roeddwn i am dy ffonio'n ddiweddarach,' meddai gan hanner troi nes bod Dilwyn a hithau'n ddau cyfrinachol yn ymyl Glenys.

Gostyngodd ei llais ychydig.

'Mam a Nhad am drefnu parti dyweddïo,' meddai gan gyffwrdd yn ysgafn yn ei fraich. 'Jest ein ffrindiau pennaf, wrth gwrs.'

'O . . . iawn,' meddai Dilwyn.

'Mae'r teulu i gyd wrth eu bodd,' meddai Mari gan wenu'n ddisglair ar Glenys yn sydyn. 'Maddeuwch inni am siarad pethau teuluol, Miss Roberts. Ond amgylchiad personol, wyddoch chi.'

Ceisiodd Glenys wenu'n ddigyffro, ond rhewodd ei chalon. Dyweddïo! Dilwyn a Mari'n dyweddïo? Dyna ddeallodd hi, ac roedd yr olwg ar wyneb Mari'n mwy na chadarnhau'r ffaith. Yn sydyn, teimlai'n amddifad rywsut. Fel pe bai hi wedi colli rhywbeth . . . ond eto . . . rhywbeth nad oedd hi erioed wedi bod yn berchen arno chwaith.

Trodd lygaid dall i gyfeiriad Sioned. Ac yna, roedd Dilwyn wrth ei hochr a'i law yn gynnes ar ei braich.

'Wel,' meddai fel pe na bai dim rhyngddo a Mari. 'Amser inni fynd?'

Daliodd y drws yn agored iddi hi a Sioned, a cherddodd wrth ei hochr at gar Dafydd.

'Mi eistedda i'n y ffrynt hefo Dafydd,' meddai Sioned. 'Rydyn ni ar ganol rhannu'n profiadau . . .'

'O . . .' cychwynnodd Glenys.

Doedd hi ddim am eistedd yn nhywyllwch clòs y sedd ôl

a theimlo corff cyhyrog Dilwyn wrth ei hochr. Roedd yn bwysig iddi ei gadw hyd braich neu ... neu ... Am y tro cyntaf, wynebodd y ffaith fod ganddi *ryw* gymaint o ddiddordeb yn Dilwyn. Ond câi drafferth cyfaddef hynny wrthi hi'i hun. Hwyrach mai cyfeillgarwch arbennig a deimlai, am iddo helpu cymaint ym Mryn Ffynnon. Roedd yr atgofion am gyfeillgarwch plentyndod yn cyfrannu hefyd. Ond doedd yna ddim byd arall rhyngddyn nhw. Ddim ag yntau'n dyweddïo â Mari.

'Punt, 'ta ceiniog?' holodd Dilwyn yn sydyn.

'Punt, 'ta ... ?'

Edrychodd i'w gyfeiriad yn syn.

Plygodd yntau a'i wefusau wrth ei chlust.

'Faint ydi'u gwerth nhw?' holodd eto.

Symudodd Glenys ychydig oddi wrtho.

'Be?'

'Y meddyliau dwfn 'na.'

Ymladdodd i gadw'i llais yn amhersonol berffaith.

'O ... llawer mwy na hynny,' meddai. Ceisiodd newid y pwnc. 'Ydi Clwb Tre Fach yn un poblogaidd? Newydd ei agor?'

'Gystal ag unrhyw un yn Llundain,' meddai llais Dafydd o'r tu blaen. 'Wedi bod yn egluro i Sioned fod bywyd llawn mor effro yn y wlad.'

'Dydi o ddim wedi 'mherswadio i eto chwaith,' meddai Sioned gan chwerthin. 'Rhowch fywyd tre i mi unrhyw ddydd. Wel ... os nad oes 'na reswm arbennig iawn dros newid fy meddwl, yntê?'

Gwenodd Glenys. Roedd Sioned yn bencampwraig ar adael drws yn agored a chrogi abwyd o flaen darpar gariad.

Daeth curiad miwsig i'w clustiau wrth iddynt adael y car ar faes parcio'r clwb a chychwyn cerdded am y drws.

'Tyrd, Dafydd,' cyhoeddodd Sioned gan blethu braich â Dafydd. Gwenodd hwnnw arni'n gynnes.

Erbyn iddynt gyrraedd y fynedfa gwyddai Glenys fod Dilwyn yn edrych arni. Oedd 'na bryder yn ei lygaid? Oedd o'n teimlo drosti o weld Sioned yn meddiannu Dafydd? Efallai y tybiai o ei bod hi mewn cariad â Dafydd.

Cofiodd am gusan ysgafn Dafydd, a'i lais yn galw 'cariad' arni wrth fynedfa'r Mynydd Gwyn un noson. Bu Dilwyn yn dyst i'r rheiny. Cododd ei gên yn benderfynol. Doedd hi ddim am iddo feddwl fod ots ganddi am Dafydd a Sioned, llai fyth am ei ddyweddïad ef a Mari.

Roedd hi yma i'w mwynhau ei hun. Eisteddodd wrth y bwrdd a'i hwyneb yn llawn bywiogrwydd gwneud. Chwarddodd ... yfodd ... siaradodd ... dawnsiodd, y cwbl mewn ymdrech i'w pherswadio'i hun ac eraill.

'Dawns efo mi?'

Cododd Dilwyn ac estyn ei law i'w hebrwng i'r ddawns araf ramantus a gychwynnai. Doedd hi ddim eisio bod yn glòs yn ei freichiau, ond eto doedd hi ddim am golli'r cyfle chwaith. Ei hunig gyfle, efallai.

Caeodd ei llygaid wrth i fraich Dilwyn lithro amdani a'i thynnu ato. Arweiniodd hi i brysurdeb y llawr bychan ac i rythm hypnotig araf y ddawns.

'Mwynhau dy hun!' sibrydodd a'i wefusau'n dynn wrth ei chlust.

'Siŵr iawn,' atebodd hithau mewn llais llawn chwerthin serch yr ymdrech a olygai hynny iddi. 'Sut y medrwn i beidio efo miwsig cystal â hyn?'

Tynhaodd ei fraich amdani. Suddodd hithau i fwynhad llwyr o'r ddawns. Dechreuodd ei chalon guro'n fyddarol wrth iddo yntau dynhau ei afael a dawnsio rudd wrth rudd. Teimlodd gyffyrddiad ysgafn ei wefusau.

Dychymyg? Na, tynhaodd ei freichiau fwyfwy. Ymladdodd rhag ymateb i'r anwes. Dyn yn chwarae â theimladau oedd yn gafael amdani. Dyn a fyddai'n dyweddïo gyda rhywun arall yn y man.

Tynnodd ei hun ymhellach oddi wrtho a'i hwyneb yn wrid cywilyddus. Petai ond ... Ysgydwodd ei hun o'i breuddwydion. Dyn digywilydd ... busneslyd ... meistrolgar oedd Dilwyn Bryn Moel, ac roedd yn well iddi hithau gofio hynny. Ei gasáu, nid ei garu yr oedd hi.

Cadwodd ei phellter weddill o'r noson. Cadwodd y sgwrs yn amhersonol berffaith, gwrthododd ddawnsio rhagor gan bledio blinder ar ôl wythnos o waith ym Mryn Ffynnon.

Fe wyddai fod llygaid Dilwyn arni, a gwyddai fod ei wyneb yn oeri'n raddol wrth iddo sylweddoli fod y cwbl yn fwriadol. Ond roedd hi'n benderfynol o gadw'r mur a godwyd rhyngddynt.

Trafaeliodd y ddau'n ddistaw yn nhu ôl y car ar ddiwedd y noson. Wedi cyrraedd y Mynydd Gwyn, camodd allan i ffarwelio, ond oeraidd a diffrwt oedd ei ffarwél. Mor oeraidd a diffrwt â'i hymateb hithau.

Roedd Sioned yn rhy hapus i sylwi.

'Mae Dafydd yn grêt!' meddai gan ddod i lofft Glenys yn llawn brwdfrydedd. 'Dyn a gwaelod iddo fo, fel y byddai Mam yn ei ddweud. Wyt ti'n cyd-weld?'

'O ... ydw,' cytunodd Glenys braidd yn llugoer.

Ei phrif ddymuniad oedd ei gollwng ei hun i'w gwely a cheisio datrys y teimladau o'i mewn. Sut y newidiodd hi mor sydyn? *Casáu* Dilwyn Bryn Moel un funud ... a thoddi i'w freichiau y funud nesaf. Cywilyddiodd eilwaith wrth gofio curiad byddarol ei chalon wrth i'w freichiau dynhau amdani yn y ddawns. Ac yntau'n gariad i rywun arall!

'Ac mae eisio inni'n dwy fynd i ginio fory,' meddai Sioned. 'Mrs Owen wedi ein gwahodd ni.'

Ceisiodd Glenys ymateb yn foddhaol. Biti na fuasai Sioned yn *mynd*, a'i gadael hithau i geisio deall ei theimladau felltith. Gwenodd yn wannaidd.

'Ysgwn i faint o berswâd oedd yna o ochr Dafydd?' meddai gan deimlo fel actores mewn drama. 'Dafydd druan. Fedr o mo'i amddiffyn ei hun rhag swyn dy lygaid glas di, Sioned.'

Daeth golwg synfyfyriol dros wyneb honno, ond ni ddywedodd air.

'Mmm-mm! Nos da,' meddai'n ddistaw. 'Mi wela i di fory.'

Yn fuan roedd Glenys yn diosg ei dillad ac yn suddo i'w gwely esmwyth. Caeodd ei llygaid yn dynn, ddiolchgar. Ond mynnai wyneb Dilwyn Bryn Moel arnofio rhyngddi hi a chwsg. Damia'r dyn! meddyliodd yn flin. Mae fy nghalon i'n berffaith ddianaf ... mor gadarn â chloch eglwys. Wrth gwrs ei bod hi!

Trodd ar ei hochr yn ddiflas. Fe deimlai'n well wedi iddi gael noson o gwsg. Pa ots fod Dilwyn Bryn Moel a Mari'n dyweddïo? Roedd ganddi hi Fryn Ffynnon i feddwl amdano ... a dyfodol fel awdur. Ceisiodd adfywio'r gobaith a'r cynnwrf yr oedd wedi'i deimlo pan benderfynodd ar lwybr newydd ryw ychydig yn ôl. Ond rywsut, ni allai. Fe lithrodd o'i gafael gan fynd â'i blas hithau at fywyd efo fo.

Cysgodd o'r diwedd a breuddwydio droeon am Dilwyn. Dilwyn, y bachgen heglog hwnnw y bu'n chwarae ag ef mor bell yn ôl. Dilwyn, yr horwth a edrychodd arni â'r llygedyn chwerthinog yn ei lygaid pan gyrhaeddodd Benuwchwaen. Dilwyn, a'i gwasgodd hi ato yn rhythm y ddawns. Dilwyn, a oedd mor bell o'i chyrraedd bellach.

12

Fe'i taflodd Glenys ei hun i'r paratoadau ym Mryn Ffynnon yr wythnos ganlynol. I anghofio ei theimladau cymysglyd yn fwy na dim. Ac roedd yn hwyr ganddi symud yno a chael ychydig amser iddi'i hun.

Bu'n papuro, peintio, siampŵio carpedai a golchi llenni'r ychydig ystafelloedd nad oedd angen eu haildrin, ac yn fwy na dim ceisiodd osgoi unrhyw funudau preifat yng nghwmni Dilwyn Bryn Moel. Roedd hi'n ddiolchgar iddo am fod yno'n cnocio plaster a helpu John a'i weithwyr, ond byddai'n dda ganddi pe bai prysurdeb y fferm yn ei rwystro.

'Rydych chi'n lwcus iawn fod Dilwyn yn medru troi ei law,' meddai Jini Owen yn gyffyrddus. 'Mae'n naturiol iddo fo helpu, 'tydi, a chithau'n gymaint o ffrindiau erstalwm. A chymdogion da fuo teulu Bryn Moel erioed. Fe wnaethon nhw gymaint i'ch modryb. Mrs Williams yn rhedeg â thamaid blasus iddi byth a hefyd ac yn mynnu iddi ddŵad am ginio Sul a ballu. A hithau mor unig, 'te?'

Llifodd yr un hen deimlad annifyr dros Glenys drachefn. Euogrwydd am dderbyn bendith ei hetifeddiaeth, heb lawn haeddu'r wobr. Am eiliad, teimlodd fod pawb ym Mhenuwchwaen yn ei herbyn ac yn ei beirniadu y tu ôl i'w chefn. Ond, doedd bosib fod hynny'n wir, yn nac oedd? Roedd Jini Owen a Sami'n deall yn iawn wedi iddi egluro, a ddywedodd Mr a Mrs Williams, Bryn Moel 'run gair a awgrymai feirniadaeth. Ond fe fyddai *hi*'n teimlo'r euogrwydd am weddill ei dyddiau, roedd hi'n siŵr o hynny.

'Mae golwg wedi blino ar Glenys 'ma,' sylwodd Jini Owen amser paned. 'On'd oes, Dilwyn?'

Teimlodd Glenys ei lygaid llwydion ar ei hwyneb, ond ni chododd ei golygon i'w cyfarfod.

'O . . . rydw i'n iawn,' meddai'n anghyffyrddus. 'Does 'ma ddim llawer o waith eto. Mi fedra i fyw yma'n fuan.'

'Dim o'r fath beth,' meddai Dilwyn yn bendant. 'Fedr neb fyw mewn awyrgylch plaster newydd, yn enwedig â hithau'n ganol gaeaf. Nonsens pur.'

Ffromodd Glenys ar unwaith.

'Fy nhŷ i ydi o,' meddai'n ffyrnig. 'Fy mhenderfyniad i fydd o hefyd. Cael ychydig o'r ystafelloedd yn barod ydi 'mwriad i, a byw yn y rheiny.'

'A rhynnu yn y gweddill?' holodd Dilwyn yn finiog. 'Ffordd iawn i gael niwmonia, ddywedwn i.'

'Does neb yn gofyn i chi ddweud dim,' meddai Glenys yr un mor finiog. 'Taro trwyn ym musnes rhywun.'

'Os mai fel'na mae'i dallt hi . . .'

Cododd Dilwyn ar ei draed.

'Rŵan, rŵan, blantos,' meddai Jini Owen yn hamddenol. 'Does dim angen poeni am i Glenys ddŵad yma'n rhy fuan. Mae hi i ddŵad acw pryd y mynnith hi . . . ac aros *faint* a fynnith hi hefyd. Rydw i'n gwybod fod prisiau'r Mynydd Gwyn yn ddigon i dorri calon unrhyw un.'

Trodd at Glenys a rhoi'i llaw ar ei braich.

'Mi fyddwn ni'n eich disgwyl chi heno nesa,' meddai'n bendant. 'Dim esgus, rŵan. Ac mi fydd Sami . . . a Dafydd, wrth eu bodd.'

Cyfarfu Glenys â llygaid Dilwyn. Roedd ei wyneb yn gaeedig glòs ac arlliw o dymer yn fflachio yn ei lygaid.

'Fel y deudodd hi, ei busnes hi, wrth gwrs,' meddai'n oeraidd. 'Ond roedd Mam a Nhad am estyn croeso iddi. Y peth ola fydden ni eisiau fyddai gweld nith Miss Roberts mewn angen.'

Mewn angen? Y hi mewn angen? Fe ddangosai iddo pe bai'n rhaid iddi aros yn y Mynydd Gwyn am *flwyddyn*! Brwydrodd yn erbyn yr awydd i ddadraffu geiriau byrbwyll. Geiriau a ddangosai'n union i Dilwyn Bryn Moel yr hyn a feddyliai ohono. Ond enillodd synnwyr cyffredin y frwydr. Trodd at Jini Owen gyda gwên ddisglair.

'Mi ddo i atoch *chi,* wrth gwrs,' meddai. '*Mae* gwesty'r Mynydd Gwyn yn amhersonol braidd. Ond, cofiwch, rhaid imi gael talu am fy lle ... a hynny'n anrhydeddus hefyd.'

Dyna ddangos i'r mwnci Dilwyn 'na nad oedd angen dim arni. Yn enwedig ei drugaredd o a'i deulu.

'Ac mae'n amser imi ddechrau talu i chithau,' meddai'n felys wrtho. 'Wnewch chi baratoi bìl imi?'

Edrychodd Dilwyn arni am eiliad, yna trodd i ffwrdd.

'Wrth gwrs,' meddai'n swta.

Gwyliodd hithau ef yn brasgamu trwy'r drws o gil ei llygaid. Teimlai'n falch o'i buddugoliaeth ... ond gwyddai ei bod ar ei cholled hefyd, rywsut.

Edrychodd Jini Owen arni'n ymholgar.

'Wel, dydw i ddim eisio bod yn ddyledus i neb,' eglurodd hithau mewn ymdrech i gyfiawnhau ei hymddygiad. 'Mae o wedi gweithio lot yma, 'tydi? Mae'n iawn iddo gael tâl.'

'Ydi, debyg,' cytunodd Jini Owen, ond roedd drwg-dybiaeth yn ei llais.

Penderfynodd Glenys aros yn y Mynydd Gwyn tan trannoeth. Wyddai hi ddim yn iawn pam na dderbyniodd hi wahoddiad Jini Owen yn syth bin. Am ei bod hi eisio *un* noson iddi'i hun yn nhawelwch amhersonol llofft y gwesty, efallai, ac eisio amser i freuddwydio'n ddistaw am yr hyn a gynigiwyd iddi o hyd braich ... oriau ar aelwyd Bryn Moel a chwmni Dilwyn.

Ond roedd hi wedi penderfynu rŵan. Fe dalai'i bìl bore fory, a symud yn ddiolchgar at Jini a'i theulu. Ac fe fyddai'n falch o gael ffarwelio â'r gwesty. Roedd gweld Mari a'r wên ar ei hwyneb yn loes iddi. Ac, wrth gwrs, roedd pob noson yn y Mynydd Gwyn yn ychwanegu at y twll sylweddol a fyddai yn ei chyfri banc. Ond eto, wyddai hi ddim a fedrai wynebu byw'n glòs gyda theulu chwaith. Llonydd roedd arni hi'i eisio. Llonydd i'w pherswadio ei hun ei bod hi'n berffaith hapus.

'Ydych chi 'rioed yn symud i Fryn Ffynnon?' holodd Mari'n ffug bryderus. 'Mae'r lle ymhell o fod yn barod, yn tydi? Plaster tamp a lloriau wedi'u codi. A'r gegin bob sut.'

Oedd yn rhaid i Dilwyn agor ei geg wrth hon, meddyliodd Glenys.

'Mynd i aros at ffrindiau,' eglurodd.

Daeth golwg wyliadwrus i wyneb Mari.

'At ... ffrindiau?' meddai.

'Ia. Mr a Mrs Owen,' eglurodd Glenys er y teimlai nad oedd ots i Mari i ble yr âi.

'O!' Daeth rhyddhad i wyneb Mari.

'Wrth gwrs,' cytunodd. 'Maen nhw wedi bod yn

garedig iawn, yn tydyn?' Yna gwenodd. 'Dafydd wedi rhoi croeso mawr i'ch ffrind.'

Gystal â dweud fod ei sylw wedi crwydro oddi wrthi hi, Glenys, debyg. Ni chymerodd arni'i chlywed.

Gwyliodd Mari'n paratoi'r bìl. Roedd bysedd hir siapus ganddi ac ewinedd coch i gyfateb yn union â'i minlliw. Anodd ei gweld yn wraig fferm, meddyliodd eto. Yna sefydlodd ei golygon ar law chwith Mari. Roedd modrwy fechan ar ei bys. Modrwy dyweddïo? Pa ots? Fe wyddai amdani eisoes.

Trodd Mari y fodrwy o amgylch ei bys tra sgrifennai Glenys y siec. Yn union fel pe bai'n tynnu sylw ati.

Daeth Dafydd i'r cyntedd.

'Hylô, Mari. Barod, Glenys?' holodd.

Gafaelodd yn y bagiau.

'Hwyl,' meddai'n ddidaro wrth Mari.

'Wnewch chi ddiolch i bawb am fy nghroeso yma yn y Mynydd Gwyn,' meddai Glenys. 'Rydw i wedi bod yn gyffyrddus iawn.'

'Mae'n bleser croesawu dieithriaid i Benuwchwaen,' oedd geiriau esmwyth Mari.

Cododd ei llaw chwith i anwesu'r cudyn wrth ei chlust.

'Wn i ddim fydda inna yma'n hir eto. Cynlluniau eraill at y dyfodol a dathliadau gartref.'

'Felly?' meddai Glenys heb ddangos gronyn o ddiddordeb. 'Dydd da, Mari.'

Cymerodd anadl ddofn wrth droedio trwy ddrws y gwesty. Anadl o ryddhad. Fe fyddai'n falch o osgoi gweld Mari o ddydd i ddydd.

'Diwrnod rhydd iti heddiw. Dyna oedd dyfarniad Mam,' cyhoeddodd Dafydd. 'Beth am ddŵad hefo mi am dro? Taith gerdded fach a chael cinio blasus mewn tafarn y gwn i amdani.'

'Wel ...'

'Does fawr ddim i'w wneud ym Mryn Ffynnon. Ddim nes bydd John wedi gorffen, yn nac oes?'

'Nac oes, am wn i.'

'Wel, dyna fo, 'ta. Diwrnod i'r brenin am unwaith.'

Gwenodd Glenys.

'Pam lai?' meddai.

'Dyna chi. Mi wnaiff fyd o les ichi,' meddai Jini Owen yn ddiweddarach. 'Rydych chi wedi gweithio fel lladd nadredd yn y tŷ 'na.'

'Sami a chithau hefyd.'

'O, twt,' oedd ateb cyffyrddus Jini Owen. 'Rŵan, coffi bach cyn cychwyn.'

Trodd Glenys at Dafydd.

'Ond beth am y busnes?'

'Mae Dad yma, 'tydi?' meddai Dafydd. 'Ac mi rydyn ni'n tri wedi penderfynu fod angen seibiant arnat ti.'

Erbyn cael paned o goffi, a sgwrs ymhellach efo Jini Owen a Sami, roedd yn agos iawn at un ar ddeg ar y ddau'n cychwyn.

'Ble'r awn ni?' holodd Glenys.

'Glan y môr,' oedd ateb Dafydd. 'Gwynt y môr yn ardderchog i godi stumog am ginio da.'

Ymlaciodd Glenys yn ei sedd. Wnaeth hi ddim sylweddoli cymaint yr oedd hi wedi blino. Na chymaint yr oedd arni eisio dianc oddi wrth Dilwyn chwaith.

'Ardderchog,' cytunodd.

Mwynhaodd y daith trwy'r wlad, a phenderfynu y byddai'n rhaid iddi hithau ddysgu dreifio ryw ddydd, a rywsut rywfodd fforddio prynu car. Ond yn y dyfodol pell roedd hynny. Bodloni ar feic fyddai'n rhaid iddi ar hyn o bryd, a gobeithio na fyddai'n rhaid iddi gael gwersi i ailddysgu reidio hwnnw!

Troellai'r ffordd i lawr at bentref a lynai'n hanner cylch ar lan bae bychan caregog. Parciodd Dafydd wrth y cei.

'Sgen ti sgarff?' holodd cyn agor y drws.

Roedd ewyn gwyn yn brigo'r tonnau aflonydd, a chwipiai'r gwynt hwy'n gawodydd tyrfus tros y creigiau.

'Siŵr iawn,' chwarddodd Glenys.

Camodd allan a chodi'i hwyneb i gryfder y gwynt. Cododd goler ei chôt a throdd wyneb llawn chwerthin at Dafydd.

'Roeddet ti'n iawn,' gwaeddodd. 'Dim byd gwell i fagu stumog.'

Gafaelodd ym mraich Dafydd a cherddodd y ddau'n gyfeillgar i lawr at y traeth. Roedd y gwynt fel cyllell, ond eto roedd Glenys wrth ei bodd. Trodd at Dafydd a chwarddodd wrth weld cochni ei glustiau yn oerni'r gwynt.

'Sgarff sydd 'i angen arnat ti,' gwaeddodd.

Tynnodd Dafydd hen gap gwau o'i boced a'i dynnu i lawr yn isel tros ei glustiau.

'Os nad oes ots gen ti gael bwgan brain wrth d'ochr,' meddai'n wamal.

Chwarddodd Glenys eto. Teimlai gynnwrf newydd yn ffrydio trwyddi. Cynnwrf gafael mewn bywyd a gwneud rhywbeth ohono. Cynnwrf wfftio at amgylchiadau a wnaeth iddi syrthio am ddyn na fyddai byth yn rhan o'i bywyd.

'Mwynhau dy hun?'

Lledaenai gwên Dafydd o glust i glust wrth iddo syllu i'w hwyneb.

'Ydw . . . a diolch iti. Roedd arna i angen diwrnod fel hyn. Rwyt ti'n gyfaill heb ei ail,' meddai hithau.

Trodd y ddau'n ôl am y cei.

'Ymmm,' meddai Dafydd braidd yn anghyffyrddus. 'Mi roes i gusan neu ddwy iti. Ymm-mm! Jest bod yn . . . ffrindiau oeddwn i.'

Edrychodd yn boenus arni.

'Fuaswn i ddim yn licio . . .'

'Be? Codi fy ngobeithion i?' holodd Glenys gan ymdrechu i gadw'r mwyniant o'i hwyneb. 'Wyt ti 'rioed yn dweud dy fod ti wedi newid dy feddwl?'

Symudodd Dafydd yn anniddig. Torrodd hithau allan i chwerthin.

'Paid â rwdlian. Rydw i wedi gweld effaith Sioned arnat ti. Os gwelais i rywun wedi syrthio 'rioed!'

Gwenodd Dafydd yn ei dro.

'Oedd o'n amlwg? Mae hi'n ysgubol, 'tydi? Wyt ti'n meddwl . . . Na.' Ysgydwodd ei ben. 'Mae cariad ganddi yn Llundain, siŵr o fod. Rhywun arbennig?' holodd yn benisel.

'Na . . . dydw i ddim yn meddwl,' atebodd Glenys gan gofio am dynged Jâms ac am yr olwg synfyfyriol a welsai ar wyneb Sioned.

Gwasgodd ei fraich yn sydyn.

'Ac mi ddaw draw am benwythnos arall yn fuan.'

Cerddodd y ddau fraich ym mraich i'r dafarn am ginio. Piti na bai llygedyn o obaith i minnau, meddyliodd Glenys. Ond, wrth gwrs, doedd yna ddim. Roedd modrwy ar fys Mari.

13

Arafodd prysurdeb ei dyddiau wedi iddi symud at Dafydd a'i deulu. Fedrai hi wneud dim ond llaesu'i dwylo a disgwyl i'r gweithwyr orffen ym Mryn Ffynnon. Doedd yna ddim y gallai afael ynddo o ddifri, a loes iddi oedd gorfod cydnabod mai Dilwyn Bryn Moel oedd yn iawn, a'i bod yn amhosibl iddi fynd yno i fyw a phethau fel yr oedden nhw. Roedd ias o oerfel ym mhob rhan o'r tŷ, a'r plaster pinc yn glytiau gwlyb wrth iddo sychu'n araf.

'Mae peiriant sychu i'w gael,' meddai John wrthi un diwrnod. 'Ond mae'n bur ddrud i'w hurio, wrth gwrs. A rhoi paent emwlsiwn fuaswn i'n ei gynghori hefyd. Mae plaster newydd angen anadlu.'

Doedd poced Glenys ddim yn caniatáu gwario'n ormodol erbyn hyn, felly bodloni ar gynnau tân yn y lolfa a gadael ffenestri'r gegin yn agored am rai oriau bob dydd wnaeth hi, ac anghofio am y peiriant sychu.

Teimlai fel hwyaden allan o ddŵr yn y byngalo. Fu hi erioed yn un i segura, a phrin y llenwai eistedd a siarad a rhoi help llaw nawr ac yn y man i Jini Owen, ynghyd ag awr neu ddwy ym Mryn Ffynnon, ei diwrnod.

Dechreuodd ysgrifennu. Dim ond ychydig syniadau i ddechrau i lenwi'r munudau segur. Yna gafaelodd y swyn cyfarwydd ynddi, a chanfu ei hun yn ysu am gael llonyddwch i ddatblygu'r stori a fynnai dyfu yn ei meddwl.

'Prysur, Glenys?' holodd Dafydd wrth ganfod y tudalennau llawn.

'Stori,' meddai hithau. Ochneidiodd. 'Pe bai gen i brosesydd yn lle'r Biro 'ma, a rhywle y medrwn i fy nghau fy hun am oriau.'

'Dim llawer o le mewn byngalo, yn nac oes?' cytunodd Dafydd.

'O ... doeddwn i ddim yn meddwl ... Rydw i'n berffaith hapus yma,' baglodd Glenys. 'Ond sgen i fawr ddim i'w *wneud*!'

'Syml, 'tydi?' meddai Dafydd. 'Beth am yr ystafell fach ar ben y grisiau ym Mryn Ffynnon? Dy ystafell sgrifennu, meddet ti ryw dro. Mae honno'n barod, 'tydi? Pryna brosesydd a mynd yno i weithio bob dydd. A chael un o'r tanau nwy symudol yna hefyd.'

Fe gydiodd yr awgrym yn Glenys ar unwaith.

'Dafydd, mi rwyt ti'n athrylith!' meddai. 'Wyt ti ddim yn gwybod ble y ca i brosesydd ... a beic?'

'*Beic*?' holodd Dafydd yn syn.

Chwarddodd Glenys.

'Ia, beic. Dydw i ddim am dynnu dy dad i fyny ac i lawr i Fryn Ffynnon bob dydd. Does dim iddo'i wneud yno ar hyn o bryd. Ac mae'n amser imi fagu ychydig o annibyniaeth bellach, 'tydi?'

Gwrthwynebu'n gryf wnaeth Jini Owen wedi deall ei bod hi am fynd i Fryn Ffynnon ar ei phen ei hun bob dydd.

'Mae Sami'n mynd â chi mewn chwinciad,' meddai. 'Ac os ydych chi eisio lle i sgrifennu, mi gliriwn ni gongl o'r lolfa ichi.'

'Na ... wir, Mrs Owen,' meddai Glenys. 'Dydw i ddim am achosi trafferth di-ben-draw ichi. Ac mae'r ystafell fach yn barod, a hefo tân nwy fel yr awgrymodd Dafydd, a beic, un ail-law, efallai, mi fedra i fynd a dŵad fel y mynna i.'

'Wel ...' meddai Jini Owen yn ddrwgdybus. 'Ond i Sami gael eich danfon chi ar dywydd mawr. A does dim angen ichi brynu beic. Mae fy un i yn y sied. Byth yn ei ddefnyddio fo wedi i Sami ymddeol. Mi gewch ei ddefnyddio a chroeso. Braidd yn henffasiwn, cofiwch. Ond mae dwy olwyn dda ganddo fo ... a dyna'r oll sydd ei angen, 'te?'

Cyn pen wythnos, roedd Glenys wedi gwireddu ei chynlluniau. Roedd y prosesydd wedi cyrraedd ac wedi'i ddodi ar hen fwrdd a gludwyd o'r gegin, y tân nwy'n cynhesu'n ardderchog, a'r beic yn ei disgwyl yn sied y byngalo.

Calon braidd yn wan oedd ganddi'r tro cyntaf y gafaelodd ynddo. Methai esgyn arno mor sgut ag y gwnâi yn nyddiau plentyndod, ac wedi iddi lwyddo fe deimlai mor ansicr ac uchel, a mynnai'r olwyn igam ogamu er ei gwaethaf.

'Pob lwc,' galwodd Dafydd wrth iddi gychwyn yn simsan am Bryn Ffynnon.

Cyrhaeddodd yno gan deimlo ei bod wedi cyflawni gwrhydri. Roedd fen John o flaen y tŷ a lleisiau'n dod o'r gegin wrth iddi gamu i'r cyntedd.

'Bore da, Glenys,' meddai John. 'Bron â gorffen yma, mi weli. Unedau yn eu lle fory, ac mi gei'r tŷ i ti dy hun wedyn. Ond fuasen ni ddim wedi gorffen mor fuan heb help Dilwyn, wrth gwrs.'

Gwenodd hithau'n bleserus wrth feddwl fod diwedd yr holl waith yn nesáu ac na fyddai'n rhaid iddi aros yn hir iawn eto cyn dod i fyw yma. Dringodd y grisiau a'i chau'i hun yn yr ystafell. Eisteddodd o flaen y prosesydd a gwyliodd y sgrin yn goleuo wedi iddi bwyso'r botwm. Nefoedd o brofiad!

Llithrodd yr oriau heibio heb iddi sylweddoli bron. Suddodd lleisiau'r gweithwyr i gefndir ei meddyliau wrth i gymeriadau'r stori gydio yn ei dychymyg. Roedd rhyddhad mewn llonyddwch. Mewn drws llofft caeedig a sisial isel y tân nwy yn gwmni, mewn sgrin wag yn graddol lenwi â stori ... a rhyddhad hefyd yn y teimlad fod ei thraed ar ei llwybr dewisiedig o'r diwedd.

Edrychodd ar ei wats. Un o'r gloch a hithau heb gofio am ginio! Agorodd y paced brechdanau a roddodd Jini Owen iddi ac aeth at y ffenestr gyda phaned fflasg yn ei llaw. Crwydrodd ei llygaid tros dirlun cyfarwydd ei phlentyndod. Fe gysgodd hi lawer yn y llofft fach yma ar ben y landin. A sawl gwaith y penliniodd ar gadair a phwyso'i breichiau ar sil y ffenestr, a disgwyl gweld Dilwyn yn rhedeg i gyfeiriad Bryn Ffynnon? Rhyfedd fel yr anghofiodd hi gymaint am y dyddiau hynny, a rhyfedd fel yr oeddynt mor fyw yn ei chof yn awr. Fe dreuliodd hi oriau ben-bwy-gilydd yng nghwmni Dilwyn Bryn Moel, ac eto ddaru hi ddim ei adnabod pan welodd hi ef gyntaf.

Trodd yn ôl at y stori. Ond rywsut roedd swyn y geiriau wedi pylu. Mynnai ei meddwl lynu wrth ddarluniau effro plentyndod. Dilwyn yn dangos nyth aderyn iddi, Dilwyn yn chwerthin am ei phen am mai newydd ddysgu reidio beic oedd hi, Dilwyn yn gafael yn dynn yn ei llaw am fod ei chalon yn curo fel gordd wrth wynebu'r gwartheg, a'r fargen a seliwyd trwy rediad y gwaed.

A Dilwyn nawr. Dilwyn tal a chyhyrog. Dilwyn a'r llygedyn chwerthinog yn ei lygaid, Dilwyn yn gafael yn dynn ynddi ym mhleser y ddawns ...

Ysgydwodd ei hun o'i meddyliau. Roedd hi'n *casáu* Dilwyn Bryn Moel. Wrth gwrs ei bod hi. Y dyn mwyaf busneslyd ... annifyr ... meistrolgar ... dyn a bigai ei thymer hyd at ffrwydriad bob tro yr anghytunent. Ond y dyn a achosai i'w chalon gyflymu wrth feddwl amdano.

'Damia!' meddai'n flin wrthi'i hun.

Pa iws meddwl amdano ac yntau'n caru rhywun arall? Ac wedi *dyweddïo* efo rhywun arall. Ffwlbri noeth. Sgwariodd ei hysgwyddau'n benderfynol ac eisteddodd eilwaith o flaen y prosesydd. Fe anghofiai am bopeth ond y stori.

Daeth cnoc ar y drws yn ddiweddarach a llais John yn dweud eu bod yn gorffen am y diwrnod. Neidiodd hithau ar ei thraed ac agor y drws.

'Eisio lifft?' holodd John. 'Golwg glaw arni.'

Taflodd Glenys gipolwg brysiog tua'r ffenestr. Oedd, roedd cymylau brawychus o ddu yn drwm uwchben.

'Na. Rydw i'n iawn, diolch, John,' meddai. 'Cychwyn y funud 'ma ydi'r gorau imi. Dydw i ddim yn ffansïo trochfa ar gefn beic.'

Pwysodd swits y prosesydd a dadgysylltodd y plwg yn frysiog. ''Fe fydda i ym Mhenuwchwaen ymhen chwarter awr gyda lwc ... a hynny cyn i'r glaw ddymchwel.''

Roedd fen John a'r gweithwyr yn diflannu i lawr y ffordd pan ddaeth allan o'r tŷ. Cloeodd y drws a thynnu coler ei siaced drwchus yn dynn am ei gwddf a thynhau'r sgarff am ei phen. Cododd grym y gwynt wrth iddi gychwyn braidd yn simsan ar ei siwrnai, a dechreuodd ddifaru na dderbyniodd gynnig John. Ond roedd gwrychoedd tal trwchus y ffordd gul yn rhoi rhywfaint o gysgod iddi. Rhoes ei phen i lawr a phadlodd yn gyflym ar hyddi. Yna teimlodd y diferion cyntaf ar ei hwyneb. Diferion a drodd yn genlli sydyn. Nid oedd gobaith iddi lochesu yn unman. Doedd dim dewis ganddi ond padlo cyn gyflymed ag y gallai a gobeithio yr arafai'r gawod yn fuan.

Simsanodd yr olwyn flaen yn sydyn wrth grwydro i'r rhimyn gwelltglas a dyfai ynghanol y ffordd. Rhoes ei chalon dro poenus wrth iddi ymladd i reoli'r dynfa. Yn ei ffwdan anghofiodd fod tro sydyn o'i blaen. Roedd hi'n rhy hwyr ... a'r Land Rofer yn rasio i'w chyfarfod. Breciodd yn galed. Y funud nesaf roedd hi a'r beic yn sglefrio'n boenus hyd wyneb y ffordd yn union i lwybr y Land Rofer a freciai'n swnllyd o'i blaen.

Trawodd y beic yn ei erbyn a llithrodd hithau'n gorff a choesau poenus hyd wyneb y ffordd ar ei ôl. Neidiodd Dilwyn Bryn Moel allan.

'Beth ar y ddaear ...?'

Cododd Glenys ar ei heistedd a'i hwyneb yn fflamgoch gan boen a thymer.

'Dŵad fel y diafol ei hun rownd y tro,' cyhuddodd yn ffyrnig.

Safodd Dilwyn wrth ei phen a gwenodd i lawr arni.

'Y fi? Pwy oedd yn hedfan fel angel dialgar i 'nghyfarfod i, 'ta? Mae angen practis cyn reidio beic.'

Rhedai glaw yn afon i lawr ei hwyneb. Rhoes law grynedig i'w sychu ymaith.

'Mi fedra i'i reidio fo'n iawn,' honnodd rhwng tymer a chrio. ''Tasa pobl yn peidio meddwl mai nhw biau'r ffordd ...'

Ceisiodd godi ar ei thraed, ond roedd ei choesau'n crynu gormod. Suddodd yn ôl ar wyneb y ffordd.

'Aiff y beic na thithau 'mhell iawn,' meddai Dilwyn gyda golwg graff ar ei hwyneb. 'Teimlo'n simsan?'

'Be arall?' holodd Glenys yn wyllt. 'Rydw i'n wlyb ac yn o—oer, ac yn sgriffiadau trosta i.'

Llifodd dagrau llosg i'w llygaid. Ymladdodd yn eu herbyn.

'Rydw i'n ... berffaith iawn, diolch ichi,' meddai'n wenfflam. 'Eistedd fan'ma'n edmygu mwd ar olwynion y Land Rofer rydw i, wrth gwrs.'

Cododd dwylo cryf hi a'i dal yn glòs ato.

'Wedi brifo?'

Crynai ei choesau ac ni allai beidio â diolch am gynhesrwydd ei freichiau. Tynhaodd yntau ei afael cyn ei chodi'n sydyn a'i chludo i gyfeiriad y Land Rofer.

'Na ... rydw i'n iawn!'

Edrychodd Dilwyn i lawr arni am eiliad a daeth golwg od i'w wyneb. Tynhaodd ei freichiau fwyfwy gan anwybyddu ei phrotest a rhoi cic sydyn i'r beic o'r neilltu. Roedd yn rhaid iddi gydio ynddo neu ddioddef cael ei chludo fel sach ddiymadferth. Ceisiodd ymaflyd yn ei siaced ond llithrai ei dwylo ar y lledr gwlyb.

'Beth am eu rhoi nhw am fy ngwddf?' holodd Dilwyn a'r llygedyn chwerthinog yn ei lygaid. 'Dydw i ddim wedi brathu neb eto.'

Llaciodd ei afael yn sydyn. Teimlodd hithau ei hun yn llithro a sbonciodd ei breichiau am ei wddf i'w harbed ei hun. Tynhaodd yntau ei freichiau eilwaith, yn dynnach o lawer y tro hwn.

'O!' sgyrnygodd Glenys rhwng ei dannedd.

Roedd hi'n sypyn gwlyb oer, ac yn dyheu am gael newid ei dillad ac eistedd o flaen tanllwyth o dân. Ond câi bleser chwerw-felys o agosatrwydd ei gorff. Nefoedd wlyb ... ond fendigedig!

Agorodd Dilwyn ddrws y Land Rofer a chyn ei gollwng o'i afael, rhoes gusan sydyn ar ei grudd. Yna crwydrodd ei wefusau'n araf i gyfarfod â'u rhai hi. Crwydro ... ac aros yn gusan hir hir. Ni allai ei thorri ei hun ymaith oddi wrth eu cynhesrwydd. Ymatebodd yn erbyn ei hewyllys a thynhaodd ei breichiau am ei wddf. Yna cofiodd am Mari a rhoes hergwd ffyrnig iddo oddi wrthi.

'Dydw i ddim yn chwarae gemau,' meddai'n ffyrnig.

'Pwy soniodd am gêm?' holodd Dilwyn â'i lygaid ar ei hwyneb a'r meddalwch a galedodd mor sydyn.

Nid atebodd Glenys, dim ond eistedd yn guchiog ar y sedd flaen.

Caeodd Dilwyn y drws arni heb ddweud rhagor a phlygu i godi'r beic a'i roi yn y tu ôl. Dringodd i mewn wrth ei hochr a throdd i edrych arni.

'Rwyt ti fel hwyaden o wlyb, cariad,' meddai a'r un llygedyn chwerthinog yn ei lygaid. 'Gwlyb . . . ond del!'

'O!' ebychodd Glenys yn ymfflamychol er i'w chalon roi tro rhyfedd o glywed y 'cariad'. 'Ewch â fi adre wir, cyn imi farw o oerni.'

'Mi gei dreulio dy funudau ola yn fy mreichiau. Dyna iti wledd.'

Trodd fel pe bai am afael ynddi eto. Symudodd hithau i ben pellaf ei sedd. Daeth cryndod sydyn trosti wrth i'r oerni gwlyb gydio yn ei chorff.

'Na, mi ddaw'r wledd honno eto,' meddai Dilwyn wedi un edrychiad craff arni.

Cychwynnodd y peiriant.

'I Benuwchwaen rydw i eisio mynd,' meddai Glenys a'i llais yn codi wrth ei weld yn anelu am Bryn Moel.

'Bryn Moel neu gerdded,' dyfarnodd Dilwyn mewn llais dim nonsens.

Llonyddodd Glenys yn ddrwg ei thymer. Roedd y glaw yn genlli ar y ffenestr flaen a'i choesau'n sgriffiadau poenus, heb sôn am ei braich a'i hysgwydd. Fedrai hi ddim cerdded i Benuwchwaen be bai rhywun yn rhoi *ffortiwn* iddi. Gwasgodd ei dannedd rhag ffrwydro.

'Dim ond am funud, 'ta,' meddai. 'Mi ddaw Dafydd i fy nôl.'

'O . . . ia. Dafydd,' meddai Dilwyn yn synfyfyriol.

'Ydi o wedi gwella o'i glwyfau wedi iddo weld Sioned?
'Ta ydi o am gael dwy gariad?'

'Mae *rhai* pobl yn anghofio fod ganddyn nhw gariadon o gwbl,' brathodd hithau yn ôl.

Trodd Dilwyn i fuarth Bryn Moel heb ateb. Doedd ganddo'r un, meddyliodd hithau. Roedd o'n euog am iddo'i chusanu hi ac yntau wedi dyweddïo â Mari. Ffrwydrodd ei thymer a'i dicter o gofio'r eiliadau hynny yn ei freichiau.

'Mi fedra i ddod o'ma'n iawn,' meddai'n chwyrn wrth i Dilwyn ddiffodd y peiriant a brysio at y drws ar ei hochr hi.

Ond ni chymerodd sylw o'i geiriau. Agorodd ef, a'r funud nesaf roedd hi yn ei freichiau eilwaith ac yn cael ei chludo i gyfeiriad y tŷ. Ceisiodd afael yn rhywle heblaw am ei wddf ... ond roedd yn rhaid iddi ildio. Gafaelodd mor llac ag y gallai a throdd ei hwyneb oddi wrtho.

'Y llac ei afael a gyll,' meddai Dilwyn. 'Ac os gollwng yn fan'ma ... yn y llaid y byddi di.'

Agorodd ddrws y tŷ yn drafferthus gan ddal i afael yn dynn ynddi.

'Mam a Nhad wedi mynd i'r dre,' eglurodd.

Gollyngodd hi'n ofalus ar y soffa.

'Aros fan'na,' gorchmynnodd. 'Rhaid cael dillad sych iti.'

'Dillad sy ...'

Sefydlodd ei llygaid ar yr wnwisg a'r tywel yn ei freichiau pan ddychwelodd. Gwnwisg dyn, a honno'n ddigon mawr i gawr!

'Tyn y dillad 'na rŵan, a rhwbia dy hun yn iawn hefo'r tywel 'ma.'

Estynnodd nhw iddi. Gafaelodd hithau ynddynt hefo dwylo llipa. Aeth yn boeth drosti.

'Gafael ynddi 'mwyn dyn. Neu mi ro i help llaw iti. Erbyn meddwl, mi fuaswn i'n mwynhau'r profiad.'

Gwyddai'n iawn fod yr un llygedyn chwerthinog yn ei lygaid llwydion, a bod ei hwyneb hithau fel mefus o goch. Ni allai edrych arno.

'Pob cerpyn, cofia,' rhybuddiodd wrth droi am y cyntedd. 'Tri munud ... ac mi fydda i'n ôl i orffen y gwaith.'

Diflannodd trwy'r drws. Cododd hithau a dechrau dadwisgo gyda dwylo brysiog trwsgl. Roedd hi ar dân am gael gorffen cyn iddo ddychwelyd. Ond roedd ei jîns gwlyb yn mynnu cydio yn ei chroen a'i dwylo'n fodiau i gyd. Brathodd ei gwefus wrth eu rhwygo ymaith, yna'i bra a'i phanti. Rhwbiodd yn wyllt â'r tywel, gan geisio osgoi'r sgriffiadau a'r cleisiau a ymddangosodd mor boenus ar ei chorff. Neidiodd i'r wnwisg yn union fel yr agorodd Dilwyn y drws. Lapiodd hi'n dynn amdani a throi i'w wynebu.

Crwydrodd ei lygaid o'i chorun hyd at noethni'i thraed a gwenodd.

'Barod?'

'B — barod? I be?'

'I gael trin dy friwiau. Os nad oes gen ti gynnig arall?'

Sefydlodd ei olygon ar ei gwddf a chwydd ei bron wrth i'r wnwisg enfawr lithro oddi ar ei hysgwydd. Ymaflodd hithau ynddi ac aildynhau'r cyfan.

'Ia!' Roedd mwyniant yn ei lygaid. 'Eistedd imi gael golwg ar dy friwiau.'

'O, na! Dydyn nhw'n ddim. Sgriffiadau bach.'

'Eistedd.'

Gollyngodd hithau ei hun ar y soffa a'i choesau'n elastig egwan. Tynnodd yr wnwisg tros ei phengliniau. Symudodd Dilwyn at y stof Aga a gafael yn y tecell a ferwai'n barhaus ar ei phen. Tywalltodd ddŵr i bowlen ac ychydig Ddettol hefyd. Estynnodd wadin a chyrcydodd o'i blaen.

'Mi ... wna i,' meddai Glenys a'r swildod sydyn yn tyfu o'i mewn.

Edrychodd y llygaid llwydion yn synfyfyriol arni am eiliadau hir. Syllodd hithau i gyfeiriad ei thraed heb fedru cyfarfod yr hyn a welai ... na, yr hyn y dychmygai ei weld, yn eu dyfnder.

'Dangos.'

Roedd y gorchymyn yn bendant ... ond yn dyner hefyd. Ufuddhaodd o'r diwedd. Roedd sgriffiad hir poenus ar ei chlun a briw ar ei phenglin. Cymerodd anadliad poenus wrth i'r Dettol frathu i'w chnawd. Ond roedd dwylo Dilwyn yn dyner ysgafn ar ei chroen, ond yn sicr eu cyffyrddiad serch hynny. Syllodd i lawr arno gan ymladd yr awydd i gyffwrdd â'r cudyn troellog ar ei gorun. Cododd yntau ei ben yn sydyn a'i chanfod hi'n syllu arno. Rhannodd y ddau edrychiad hir ystyriol cyn i'r gwrid ffrydio i wyneb Glenys.

'Diolch,' meddai'n ffrwcslyd gan wneud ymdrech i godi.

Rhoes yntau law atalgar ar ei hysgwydd.

'Aros,' meddai. 'Rwyt ti eisio rhywbeth ar y briw yna. Mae'n dal i waedu. A chael paned cyn symud hefyd.'

'Na ... wir. Rhaid i mi fynd. Diolch 'run fath.'

'Fel rwyt ti?' holodd Dilwyn gyda diddordeb.

'Fel ryd ...'

Roedd hi wedi anghofio am ei noethni o dan yr wnwisg.

Na, nid wedi ei anghofio. Eisio dianc oddi wrth Dilwyn a'i effaith arni roedd hi.

Wyddai hi ddim beth i'w ddweud. Fedrai hi ddim mynd i Benuwchwaen fel roedd hi . . . ond fedrai hi ddim aros yma'n garcharor i Dilwyn chwaith. Yn garcharor a'i chalon yn curo'n fyddarol wrth wynebu'r hyn oedd rhyngddynt. Ond na, o'i hochr hi roedd popeth. Chwarae gêm roedd Dilwyn. Gêm efo *hi*; efo Mari yr oedd o o ddifri.

'Ga i fenthyg? Dillad eich mam, efallai?' holodd yn benderfynol.

Tynnodd Dilwyn wyneb petrusgar.

'Wel, wn i ddim.' Ysgydwodd ei ben fel pe bai mewn penbleth llwyr. 'Mam braidd yn barticlar, 'tydi? Fedra i wneud dim heb ofyn.'

'Mi ffonia i Jini Owen, 'ta,' meddai Glenys. 'Mi ddaw Dafydd â nhw.'

Gwnaeth Dilwyn wyneb petrusgar eto.

'Ond . . . fuaswn i ddim yn licio i Dafydd dy weld fel hyn. Rhaid imi feddwl am fy nghymeriad yn yr ardal 'ma, bydd?'

'Eich cymeriad ch . . . ?'

Roedd Glenys wedi gwylltio gormod i orffen. Cododd yn fyrbwyll, llithrodd yr wnwisg, datododd y gwregys, baglodd hithau wrth gamu'n wyllt a'i chael ei hun yn sypyn ym mreichiau Dilwyn eto.

'Fel manna o'r nefoedd,' meddai hwnnw gan dynhau'i freichiau a'i chusanu'n effeithiol.

'N—na—naa!'

Tynhaodd ei freichiau. Fe'i teimlai ei hun yn toddi iddynt . . . yn ymateb mor gryf a phendant ag yntau. Ond . . . ond . . .

Daeth car i'r buarth, a brecio'n swnllyd y tu allan.

'Damia. Pwy sydd 'na rŵan?' llwodd Dilwyn.

Gollyngodd hi. Tynhaodd hithau'r gwregys yn frysiog gan eistedd eilwaith ar y soffa a'i hwyneb fel tân. Beth feddyliai Mr a Mrs Williams wrth ei chanfod fel hyn? Brathod ei gwefus yn nerfus wrth glywed sŵn traed ysgafn y tu allan.

'Hylô! Mrs Williams! Dilwyn!' galwodd llais o gyfeiriad y drws.

Y funud nesaf daeth Mari i'r gegin. Safodd yn stond wrth weld y ddau a gwibiodd ei llygaid o wyneb i wyneb cyn eu sefydlu eu hunain ar Glenys. Duodd ei hwyneb wrth weld yr wnwisg enfawr a noethni amlwg Glenys oddi tani.

'Miss Roberts,' meddai mewn llais gor-felys. 'Be sy wedi digwydd? Mae golwg ... golwg ... wel, fel petaech chi wedi'ch tynnu trwy'r drain arnoch chi.'

Disgynnodd ei llygaid ar y dillad gwlyb a orweddai'n bentwr aflêr wrth ymyl y soffa.

'Wedi cael damwain?'

Cyn i Glenys gael cyfle i'w hateb, roedd wedi troi at Dilwyn.

'Meddwl y buaset ti gartre erbyn hyn,' meddai. 'Am gael cyfle i drafod y parti. Dim ond ti a fi.'

'Y parti?' Roedd rhywbeth tebyg i ddryswch ar wyneb Dilwyn am ennyd. Yna nodiodd.

Trodd at Glenys.

'Mae'n gyfrinach ar hyn o bryd, wrth gwrs, Glenys ...' cychwynnodd. 'Parti J ...'

Torrodd Mari ar ei draws.

'Dydi Miss Roberts ddim am glywed ein cyfrinachau ni,' meddai'n esmwyth. 'Fuasai hi ddim yn well iti ffonio

Mr a Mrs Owen? Fe ddôn nhw â dillad iddi. Debyg eu bod nhw'n poeni amdani, a hithau'n dywydd mor stormus hefyd.'

'Mi gaiff fenthyg dillad yma,' meddai Dilwyn yn swta. 'Ac mi danfona inna hi wedyn.'

'Mi ddaw Sami i fy nôl i,' meddai Glenys. 'Os ca i fenthyg dillad ...'

'Mi ffonia i rŵan,' meddai Dilwyn yn anfodlon.

'Ia, dyna fydd orau,' cytunodd Mari. 'Mae'n hwyr ganddoch chi fynd yn ôl at eich ffrindiu, rwy'n siŵr.'

Trodd Dilwyn ar ei sawdl.

'Gwna baned iddi hi, Mari. Mae hi wedi cael codwm a throchfa.'

Edrychodd Mari'n oeraidd arni wedi iddo fynd.

'Calon garedig gan Dilwyn wrth gwrs,' meddai. 'Am helpu pawb a phopeth. Ond *mae* gynnon ni lawer i'w drafod, Miss Roberts. Felly, rwy'n siŵr yr ewch chi cyn gynted ag y bo modd, a maddau inni am fod yn anghwrtais am y tro.'

Mor hawdd y cyplysai Mari'r ddau ohonynt â'i gilydd, meddyliodd Glenys. A'i chau hithau allan.

Petrusodd. Ond rywsut fedrai hi ddim peidio â gofyn.

'Pa bryd mae'ch parti chi a Dilwyn?' holodd.

Lledaenodd gwên ryfedd tros wyneb Mari.

'O ... yn bur fuan, wrth gwrs,' meddai'n freuddwydiol. 'Ond ... cyfrinach ar hyn o bryd, wyddoch chi. Fuaswn i ddim yn licio i Dilwyn ddeall 'mod i wedi sôn wrth estron.'

A dyna fy rhoi innau yn fy lle, meddyliodd Glenys. Estron. Ai dyna oedd hi ym Mhenuwchwaen er yr wythnosau o fyw yma? Cododd ei gên yn benderfynol. Doedd neb am gael gwybod am y torcalon a gordeddai o'i mewn. Llai fyth y Mari yma a wenai mor felys arni fel pe bai'n deall ei theimladau i'r dim.

'Mae Sami Owen ar ei ffordd yma,' meddai Dilwyn pan ddychwelodd. 'Yn barod i gychwyn am Bryn Ffynnon pan ffoniais i. Sut mae'r goes yn teimlo rŵan, Glenys? Poenus?'

Ddim hanner mor boenus â 'nhu mewn, meddyliodd hithau gan ysgwyd ei phen a cheisio cadw wyneb o flaen y ddau.

Erbyn iddi gyrraedd y byngalo roedd ganddi andros o gur pen.

'Sefyll i reswm a chithau wedi cael y fath gnoc,' meddai Jini Owen. 'Paned fach, a Disprin . . . ac mi fydd y blanced wedi cynhesu'n ardderchog yn y gwely. Trochfa fel'na'n ddigon i beri niwmonia. Ond fyddwch chi ddim yr un wedi cael ychydig o gwsg.'

Roedd paned yn eli ar bob briw, meddyliodd Glenys yn flinedig wrth suddo rhwng y cynfasau. Wel, bron pob un . . .

14

Deffrôdd Glenys fore trannoeth yn griciau poenus o'i phen i'w thraed. Cododd ar ei heistedd yn araf cyn suddo'n ôl drachefn a'r morthwylion yn curo'n ddidrugaredd yn ei phen. Daeth ias o gryndod chwys drosti a brathodd ei gwefus wrth geisio codi'i choesau dros yr erchwyn.

Daeth cnoc ar y drws. Agorodd, a daeth Jini Owen i mewn. Roedd paned yn ei llaw.

'Roeddwn i'n meddwl y buasech chi'n effro,' meddai. 'Does dim angen codi rŵan. Cymerwch amser i ddŵad atoch chi'ch hun. Dim byd yn galw, yn nac oes?'

Suddodd Glenys yn ôl yn ddiolchgar ar y gobennydd.

'Mae codwm beic yn dweud ar rywun. A throchfa hefyd,' sylwodd Jini Owen wrth weld ystumiau Glenys wrth iddi gymryd y baned o'i llaw. 'Brifo?'

'Ydi, braidd,' meddai Glenys. 'Fel pe bawn i wedi bod trwy fangl.'

'Mi ddo i â brecwast ichi, a Disprin,' meddai Jini Owen. 'Synnwn i ddim na chewch chi annwyd a chithau fel spangi'n cyrraedd adre ddoe.'

'O . . . na,' ymbiliodd Glenys. 'Dydw i ddim eisio bod yn drafferth. Mi fedra i godi'n iawn.'

Doedd hi ddim yn teimlo fel codi chwaith. Roedd cryndod a phoen y criciadau'n gymysgfa yn ei choesau, ac fe chwaraeai chwys oer ar hyd ei hasgwrn cefn.

Rhoes Dafydd ei ben heibio i bostyn y drws.

'A sut mae'r claf y bore 'ma?' holodd.

'Am gymryd brecwast yn ei gwely,' dyfarnodd Jini Owen. 'Effaith codwm, ac wedi cael annwyd os nad ydw i'n camgymryd,' ychwanegodd gan daflu golwg brofiadol ar wyneb Glenys. 'Aros di yma i sgwrsio tra bydda i'n ei baratoi.'

A chyda'r gorchymyn pendant yna, diflannodd i'r gegin. Eisteddodd Dafydd ar erchwyn y gwely.

'Lwcus fod Dilwyn wedi dŵad pan ddaru fo,' sylwodd.

'Hwnnw!' ffromodd Glenys er y cur yn ei phen. ''Tasa fo wedi canu corn ac arafu, yn lle dŵad fel cath i gythraul am rywun . . .'

'Wyt ti 'rioed yn dweud?' holodd Dafydd gyda diddordeb. 'Swnio i mi fel 'taset ti â dy gyllell yn Dilwyn Bryn

Moel. Rhyfedd hefyd,' meddai'n araf, 'ac yntau'n helpu cymaint.'

'Ofynnais i ddim iddo helpu,' meddai Glenys yn bigog. 'Horwth styfnig yn credu'i fod o'n gwybod popeth.'

Astudiodd Dafydd ei hwyneb yn feddylgar am ennyd.

'Gwadu gormod, Glenys?' holodd.

'Gwadu ...? Wn i ddim be rwyt ti'n ei feddwl,' haerodd Glenys yn fwy pigog fyth. 'Sgen i ddim i'w ddweud wrth y dyn. Fuo gen i 'rioed ... a fydd gen i byth!'

'Be ddywed yr hen air hefyd?' holodd Dafydd yn ddiniwed. 'Trwy gicio a gwadu mae cariad yn magu.'

Anelodd Glenys gic i'w gyfeiriad o dan y dillad.

'Hwda ... Oowww!' meddai ar yr un gwynt wrth i'r boen frathu trwy'i chymalau a'i phen.

'Mi a' i cyn imi dderbyn anaf angheuol yn y lle 'ma,' meddai Dafydd gan chwerthin. 'Cymer ddiwrnod o seibiant, Glenys. O ran hynny, chei di ddim dewis gan Mam.'

Roedd Glenys yn falch o gael aros yn ei gwely. Ond fe fynnodd godi tuag un ar ddeg er bod Jini Owen yn erfyn arni'n daer i aros.

'Mae Sami ar gychwyn â fi i Benuwchwaen,' meddai. 'Rŵan, fuasai hi ddim yn well ichi aros nes do i'n ôl? Does dim golwg fflons iawn arnoch chi.'

'Ond dydw i ddim yn sâl,' dadleuodd Glenys. 'Dim ond fel procer o stiff ac ychydig o gur yn fy mhen. Mi a' i am fâth pîn i wella tipyn.'

'Wel, cymrwch ofal,' oedd geiriau diwethaf Jini Owen wrth iddi ddiflannu am y cyntedd. 'Rhyw awr fydda i.'

Cododd Glenys yn araf wedi iddi fynd. Wir, roedd ei

choesau'n wantan anystwyth a'i phen yn troi. Ceisiodd anwybyddu'r cyfan ac anelu am yr ystafell ymolchi.

Rhedodd fàth iddi'i hun a chamu'n simsan iddo. Gwaethygodd y cur yn ei phen wrth iddi geisio ymlacio ynddo. Efallai mai mynd yn ôl i'w gwely fyddai orau iddi, meddyliodd. Daeth cryndod drosti eto er fod y dŵr yn wresog berffaith. Cododd ohono'n anystwyth a'i sychu'i hun yn llegach, ac yn sydyn roedd ei gwely'n fwy deniadol nag unlle. Dyheai am lonyddwch ei gynfasau a chyfle i gau'i llygaid rhag curiad felltith y cur uwch ei llygaid.

Canodd cloch y drws pan oedd hi'n cerdded yn araf i'w llofft. Petrusodd cyn ateb. Canodd y gloch yn hir a thyrfus eto a gwelai arlliw o gysgod rhywun trwy'r drws gwydr. Tynnodd ei gwnwisg yn dynnach amdani a cherdded yn droednoeth i'w ateb.

Agorodd gil y drws.

'Sori ... dydi Mrs Ow ...'

Edrychodd pâr o lygaid llwydion arni.

'O ...'

Ymlaciodd ei gafael ar y drws yn ei syndod. Manteisiodd Dilwyn ar unwaith gan ei bwyso'n agored a chamu i'r cyntedd.

'Ymmm!' meddai'n werthfawrogol wrth i'w lygaid grwydro'n araf o'i chorun hyd at noethni bodiau'i thraed.

Dringodd gwrid sydyn i wyneb Glenys.

'Newydd g—gael bàth,' meddai'n ffrwcslyd gan dynhau gwregys ei gwnwisg.

Damia'r dyn am wneud iddi deimlo mor annifyr o hyd! Cododd ei gên yn benderfynol. Mi fedrai dau chwarae'r gêm yna.

'Wedi dŵad i ymddiheuro?' holodd yn felys.

'Am be, tybed?' holodd Dilwyn yn ffug ddryslyd. 'Y godwm ... 'ta'r ... gusan?'

Ffrydiodd gwrid poenus i wyneb Glenys eto a throdd oddi wrtho'n dymhestlog.

'Os mai dŵad yma i gael hwyl ...'

'Hwyl? Na, dyna'r gusan orau, felysaf ... gefais i 'rioed,' oedd yr ateb tawel.

Estynnodd Dilwyn i afael yn ei llaw.

'Oeddet ti ddim yn cytuno?' holodd gan redeg bys ysgafn o dan ei gên.

Yn sydyn roedd hi'n dynn yn ei freichiau ac yntau'n ei chusanu'n frwd unwaith eto. Gwingodd yn ei afael, ceisiodd droi ei hwyneb i ffwrdd ... ond roedd ei freichiau'n dynn amdani, a rywsut rywfodd roedd hithau'n ymateb ... Caeodd ei llygaid wrth i'w breichiau ddringo'n araf am ei wddf, a phwysodd ei chorff yn ei erbyn. Teimlodd ei fysedd yn anwesu'i gwallt ... ei gwddf ... noethni ei hysgwydd o dan ei gwnwisg, cyn symud yn is at grymwedd ei bron ...

Rhwygodd ei hun o'i afael a rhoi andros o glusten iddo ar draws ei wyneb.

'Does gen i ddim diddordeb mewn chwarae o gwmpas,' poerodd yn wyllt.

Roedd cochni ei chlusten yn amlwg ar ei wyneb wrth iddo syllu arni. Am eiliad baglodd ei chalon wrth ei weld. Ond cariad Mari oedd o.

'Yn ddigon balch o'i derbyn, 'doeddet?'

'O!' 'Tasai ond ganddi rywbeth wrth law i'w daflu ...

'Paid â phoeni. Wna i ddim yr un camgymeriad eto,' meddai Dilwyn yn oeraidd. 'Mesur pawb wrth lanciau Llundain, debyg.'

'Mae'r rheiny'n fanesol, beth bynnag,' brathodd hithau. 'Fuasai Iorwerth byth ...'

Miniogodd ei lygaid.

'Iorwerth?'

Taflodd hithau wirionedd i'r gwynt.

'Ia, Iorwerth. Fy narpar ŵr, os oes arnoch chi eisio gwybod.'

Croesodd tymer ei wyneb cyn ei adael yn oeraidd gaeedig.

'Mae'n well iti gael rhywbeth i gofio amdano cyn rhedeg 'nôl at dy Iorwerth *manesol* felly, 'tydi?' meddai'n ddirmygus.

A chyn iddi gael cyfle i ddianc, gafaelodd ynddi eilwaith. Pwysodd ei wefusau'n giaidd ar ei rhai hithau, gwasgodd hi ato, cusanodd ei gwddf, ei hysgwydd, ei bron ... heb ronyn o deimlad.

Edrychodd am eiliad i'w hwyneb, cyn ei gollwng yn swta.

'Mi adawa i weddillion y beic wrth y drws,' meddai'n finiog.

Cyffyrddodd Glenys â'i gwefusau briwiedig.

'Gweddillion ...?' sibrydodd.

Ond roedd Dilwyn wedi agor y drws ac wedi'i gau gyda chlep ar ei ôl. Pwysodd hithau'n erbyn mur y cyntedd a chau ei llygaid yn erbyn cryfder y cur a dyfai fel chwysigen anferth yn ei phen. Roedd ei choesau'n grynedig wan a'r dagrau llosg yn eu gorfodi'u hunain i lawr ei hwyneb. Cerddodd i'w llofft a'i gollwng ei hun yn araf ar ei gwely rhag gwaethygu'r cur.

Ymddangosai popeth a ddigwyddodd fel pe bai'n bell bell oddi wrthi. Sut y medrai Dilwyn ei thrin fel'na? meddyliodd trwy niwl y chwys a gerddai ei chorff.

Symudodd yn anniddig. Ei chusanu fel 'tasai hi'n eneth a rannai ffafr ag unrhyw ddyn. Rhwbiodd law flinedig tros ei thalcen. Pe bai'r cur yma'n cilio, mi fedrai hithau feddwl yn gliriach. Roedd o wedi'i dibrisio. Ac yntau'n caru Mari. Dyna oedd yn brifo. Ei fod o'n credu'i bod hi'n falch o gusanau cariad rhywun arall. Y diawl iddo fo! Ond nid oedd argyhoeddiad y tu ôl i'w meddyliau. Ymwthiodd dagrau llosg eilwaith o dan ei hamrannau caeedig. Roedd hi'n crio am rywbeth ... ond erbyn hyn, roedd y rhywbeth hwnnw wedi diflannu ym mlinder ofnadwy ei chorff a'r morthwylion a fynnai guro trwy'i phen.

Clywodd ddrws y ffrynt yn agor a gwyddai fod Jini a Sami Owen wedi cyrraedd yn ôl. Ond roedd yn ormod o ymdrech i godi'i phen na chymryd unrhyw sylw pan ddaeth Jini Owen i'r llofft.

' 'Ngenath fach i. Rydych chi fel rhew o oer!'

Oer? Wrth gwrs, doedd hi ddim yn oer. Roedd hi'n toddi o chwys. Yn rhy boeth i fynd rhwng y cynfasau er fod Jini Owen yn trio'i gorau i'w pherswadio.

'Mi ddeudis i, on'd do?' meddai Jini Owen gan ffwsio uwch ei phen. 'Ddim ffit i symud o'r gwely 'na. Rŵan, llymaid o ddŵr a Disprin arall. A swatio yn y gwely tan fory.'

Roedd hi'n falch o ufuddhau. Efallai na chodai hi byth eto. Ddim â hithau'n teimlo mor ofnadwy o flinedig a'r cur yn mynnu hollti'i phen yn ddau. Mwngialodd yn isel o dan ei gwynt.

'Be, 'ngenath i?'

Ond roedd yn ormod o drafferth ganddi ddweud gair arall. Llithrodd i gwsg anniddig. Cwsg lle'r oedd Dilwyn a Mari a Iorwerth a Llundain yn gymysgfa drybeilig iddi

... a chwsg lle'r oedd cusanau a doddai'i hesgyrn yn troi'n hunllef er ei gwaethaf.

15

Bu'n ddyddiau cyn i Glenys ddod ati'i hun yn iawn, a rywsut doedd ganddi fawr o galon i ddim. Gwrthododd ymweld â Bryn Ffynnon. Gwneud esgusion ddaru hi droeon. Ddim heddiw, efallai fory. Am fod ei diddordeb ynddo wedi pallu ... yn ogystal â'i diddordeb mewn ysgrifennu. Buasai'n ddim ganddi adael Penuwchwaen am byth, oni bai mai llwfrdra fuasai hynny. Llwfrdra yn wyneb y gelyn ... Dilwyn Bryn Moel.

Gwyddai fod teulu Dafydd yn dechrau poeni amdani.

'Mi ddylwn i fod wedi anfon am y doctor,' meddai Jini Owen yn bryderus. 'Mae'r godwm 'na wedi effeithio arnoch chi. Hynny a'r ffliw gawsoch chi.'

'Mae'n ddrwg gen i am y beic,' meddai Glenys. 'Wedi'i falu, 'tydi?'

'Tolc bach, dyna'r cyfan,' meddai Jini Owen. 'Ac mae Dilwyn wedi'i drwsio.'

'Ond mi ddeudodd ...'

'Ia?'

'Cnocio yn y drws wrth ddŵad â fo'n ôl. Soniodd o ddim am drwsio,' meddai'n gloff.

Edrychodd Jini Owen yn graff arni.

'Ydych chi wedi ffraeo? Chi a Dilwyn?' holodd o'r diwedd.

'Ffraeo? Y ni? Pam ffraeo efo Dilwyn Bryn Moel?' holodd Glenys gan geisio ymddangos yn syn.

'O ... jest meddwl,' atebodd Jini Owen gan ddal i syllu'n graff. 'Fynta heb fod ar y cyfyl.'

'Dim rheswm iddo ddŵad,' meddai Glenys yn swta.

Mi fuasai'n dda ganddi pe bai Jini Owen yn peidio â holi ac edrych arni fel pe bai'n deall mwy nag y dylai. Roedd hi wedi penderfynu nad oedd hi am *feddwl* am Dilwyn Bryn Moel byth eto. Aeth ias trwyddi wrth gofio am ei hymateb i'w gusanau. Ias o gywilydd dwfn. Fedrai hi byth ei wynebu eto. Byth!

'Pam na wahoddwch chi Sioned y penwythnos 'ma?' gofynnodd Jini Owen. 'Mi fyddwch wrth eich bodd yn ei chwmni, a chael holl hanes Llundain. Mae hi'n eneth mor siriol a llawn bywyd.'

Ni allai Glenys beidio ag edrych i gyfeiriad Dafydd a chanfod y wên a ddaeth i'w wyneb wrth glywed geiriau'i fam.

'Ia. Mi fuaswn i'n licio hynny,' meddai.

'Ffoniwch hi rŵan, tra bo'r haearn yn boeth,' cynghorodd Jini Owen heb ganfod dim ar wyneb ei mab.

'Grêt!' oedd ymateb Sioned pan glywodd lais Glenys. 'Wyt ti ym Mryn Ffynnon bellach? Nac wyt? Ble, 'ta? Cartre Dafydd! Gwell fyth! Rydw i am gael nabod mwy ar y boi yna.'

'Mae yntau'n teimlo'r un fath,' meddai Glenys.

Fe'i teimlodd ei hun yn ymlacio wrth edrych ymlaen at ymweliad Sioned. Tyfodd diddordeb sydyn ynddi yn hynt a helynt yr asiantaeth.

Cyrhaeddodd Sioned fore Sadwrn.

'Hiya!' oedd ei chyfarchiad hwyliog wrth gamu o'r trên.

Yna syllodd yn sydyn ar Glenys.

'Golwg dipyn yn bethma arnat ti? Popeth yn iawn?'

'Ydyn siŵr,' meddai Glenys yn anghyffyrddus.

Doedd dim modd cuddio llawer rhag llygaid craff Sioned.

'Wedi bod yn sâl,' eglurodd. 'Rhywbeth tebyg i'r ffliw, am wn i.'

Bodlonodd Sioned ar yr eglurhad. Chwiliodd ei llygaid y platfform a goleuo'n sydyn wrth weld Dafydd yn agosáu.

'Neis dy weld ti, Dafydd,' meddai a golwg feddal yn ei llygaid.

Estynnodd ei chês iddo a gwenu i'w lygaid. Syllodd yntau'n ôl fel pe bai am ei llyncu.

Daeth bodlonrwydd i wyneb Sioned a chydiodd ym mraich Dafydd yn hapus. Ond ni symudodd y ddau gam.

'Na hidiwch amdana i,' meddai Glenys yn glên. 'Mi safa i yma nes y bydda i wedi rhewi'n gorn.'

Sbonciodd y ddau.

'Sori ... a tithau wedi bod yn y ffliw hefyd,' ymddiheurodd Sioned.

Gollyngodd fraich Dafydd a gafael ym mraich ei ffrind.

'Tyrd yn dy flaen. Mi ga i afael ar Dafydd 'ma eto.'

Ni allai Glenys beidio â gwenu. Yn ôl yr olwg ar wyneb Dafydd, roedd yn hwyr ganddo i'r funud honno gyrraedd.

Daeth loes i'w chalon a llyncodd yn boenus. Mor braf oedd hi ar Sioned.

Eisteddodd yn ôl yn ei sedd a mwynhau sgwrs ei ffrind. Mor braf oedd gwrando ar lais hen ffrind, a gwybod y buasai hi'n medru rhannu cyfrinach ... pe dewisiai. Ond roedd briw ymddygiad Dilwyn yn rhy boenus i'w rannu â neb.

Fore trannoeth, fe aeth Dafydd â nhw i Bryn Ffynnon. Ac er bod Glenys yn bur amharod i fentro i fyny yno rhag ofn iddyn nhw gyfarfod â Dilwyn, mentro wnaeth hi er mwyn dangos y gwelliannau i Sioned.

'Grêt!' oedd ymateb honno pan welodd bobman. 'Pa bryd symudi di yma?'

'O . . . wn i ddim.'

Nid oedd llawer o ddiddordeb yn llais Glenys. Craffodd Sioned arni am eiliad, ond ni ddywedodd air, dim ond symud i'r gegin a llygadu'r gegin newydd yn foddhaus.

'Mi fuaswn i yma fel siot, 'taswn i'n chdi. Meistres arnaf fy hun . . . ac amser i wireddu breuddwyd. Faint wyt ti wedi'i sgrifennu? Ddylwn i ddŵad â siampên y tro nesa y do i?'

Ysgydwodd Glenys ei phen.

'Ar hanner stori,' meddai. 'Dim llawer o amynedd wedi'r ffliw.'

'Ond mi rwyt ti'n dŵad i fyny 'ma bob dydd?'

'Na, ddim yn ddiweddar.'

Edrychodd Sioned i gyfeiriad Dafydd a chodi ael ymholgar y tu cefn i Glenys. Ysgydwodd yntau ei ben.

Daeth golwg feddylgar i wyneb Sioned.

'Be wnawn ni heno?' holodd yn sydyn wrth iddynt droi at ddrws y ffrynt. 'Clwb nos arall? Ydi Dilwyn yn rhydd?'

'Dilwyn?'

Arhosodd Glenys a'i llaw ar yr allwedd yn y clo.

'Dydw i ddim eisio mynd yn *agos* at hwnnw,' meddai'n bendant.

Agorodd llygaid Sioned.

'Ddim eisio . . . Ond roeddwn i'n meddwl . . .'

Brathod ei thafod yn sydyn ac ailafael ym mraich Glenys.

'Mae hi'n rhy oer i sefyll ar lwybr gardd. Cyflyma dy draed, da ti, Dafydd, os nad wyt ti eisio lwmp o rew ar dy ddwylo.'

Ufuddhaodd hwnnw heb ddweud gair. Ond roedd golwg wybodus ar ei wyneb wrth iddo agor drws y car ... a phenderfyniad hefyd.

'Mi awn ni i'r Mynydd Gwyn am bryd,' cyhoeddodd wedi cychwyn y peiriant. 'Ffantastig o brydau yno.'

'O, na ...' cychwynnodd Glenys.

Yna brathodd ei thafod. Doedd hi dim am stelcian fel drwgweithredwr ac arno ofn ei gysgod. Roedd ganddi fwy o asgwrn cefn na hynny. A pha ots os y byddai Dilwyn a Mari yno?

'Syniad da,' meddai gan orfodi hapusrwydd i'w llais. 'Ond roeddwn i'n meddwl nad oeddet ti'n hoffi bod ynghanol y snobs, Dafydd?'

'Achos da, 'tydi?' meddai Dafydd. 'Croesawu Sioned 'nôl. Mi archeba i fwrdd rŵan,' ychwanegodd wrth stopio'r car o flaen ei gartref.

Fe wyddai Glenys nad oedd troi'n ôl i fod. Roedd yn rhaid iddi wynebu noson fel gwsberan ... a noson ar binnau yn ofni cyfarfod â Dilwyn. Be wnâi hi os y byddai yno, ac yng nghwmni Mari? Daeth cryndod i'w chalon wrth ddychmygu ei lygaid llwydion arni. Beth fyddai ynddynt? Dirmyg ynteu ddifaterwch?

Gwisgodd y dillad mwyaf soffistigedig oedd ganddi. Ffrog las dywyll yr arferai ei gwisgo yng nghwmni Iorwerth. Fu hi erioed yn hoff iawn ohoni. Am mai anrheg gan Iorwerth oedd hi, debyg. Ond roedd yn gweddu i'r dim i'r achlysur heno. Ac yn gweddu'n ardderchog iddi hithau hefyd, meddyliodd yn syn wrth sylwi ar yr eneth wallt cwta a edrychai arni o'r drych.

'Licio dy steil gwallt,' sylwodd Sioned. 'Fe ddylet ti fod wedi'i dorri erstalwm, ysti.'

'Dylwn, debyg,' cytunodd Glenys.

'Iorwerth yn holi'n arw amdanat ti,' meddai Sioned yn sydyn.

'Iorwe . . . ?'

Trodd Glenys i syllu'n syn.

'Ond roedd o wedi ffarwelio am byth, medda fo. Ddim eisio fy ngweld i eto.'

'Synnwn i ddim nad ydi o'n difaru,' meddai Sioned. 'Methu cael neb yn gi bach iddo, 'te? Ond does gen *ti* ddim diddordeb, yn nac oes?'

Cofiodd Glenys am ei geiriau byrbwyll wrth Dilwyn. Fy narpar ŵr, dyna ddywedodd hi. Ysgydwodd ei hysgwyddau'n anfodlon. Doedd dim ots am hynny rŵan, yn nac oedd?

'Nac oes, siŵr,' llwodd. 'Dim diddordeb o gwbl.'

'Iawn, felly,' meddai Sioned yn fodlon. 'Beth am y Dilwyn 'ma, 'ta?'

'Beth amdano fo?'

'Oes rhywbeth wedi digwydd rhyngddoch chi? Ffrae?'

'Sgen i ddim digon o ddiddordeb i ffraeo hefo rhywun fel fo.'

'Tynna'r bawd arall,' wfftiodd Sioned. 'Digon hawdd gweld.'

Gwylltiodd Glenys.

'Yli. Dim diddordeb ydi *dim* diddordeb,' gwaeddodd bron.

'Ôl reit. Ôl reit. Sdim eisio neidio i fy llwnc i. Meddwl roeddwn i . . .'

'Sori,' meddai Glenys gan deimlo fel crio'n sydyn.

Beth oedd arni'n ffraeo hefo'i ffrind gorau? Ffwlbri.

'Dim eisio trafod . . . dyna'r cwbl,' meddai. 'Rywbryd eto, efallai.'

'Unrhyw dro. 'Ti'n gwybod hynny,' meddai Sioned gan roi llaw ar ei hysgwydd.

Nofiodd dagrau sydyn yn llygaid Glenys. Trodd ymaith gan geisio gwenu. Daria'r dagrau a fynnai lifo i'w llygaid ar yr esgus lleiaf. A damia Dilwyn Bryn Moel a'i gemau cariad.

'Mi anghofiwn ni am y peth,' addawodd Sioned. 'A mwynhau ein hunain heno 'ma.'

Fe dynhaodd cyhyrau Glenys yn nerfus wrth iddynt gyrraedd y Mynydd Gwyn y noson honno. Roedd y lolfa'n llawn, a lleisiau'n codi a gostwng yn brysur wrth iddynt fynd i mewn.

'Gwin, ferched?' holodd Dafydd cyn ymwthio'i ffordd tua'r bar a Sioned wrth ei gwt. Dilynodd Glenys hwy.

'Aaa . . . Miss Roberts,' meddai llais ysgafn Mari o'r tu ôl iddi. 'Roeddwn i'n dweud wrtho fo fod Dafydd wedi archebu bwrdd yma heno.'

'Dweud? Wrth bwy?'

'Eich ffrind o Lundain, wrth gwrs.' Roedd gwên bleserus ar wyneb Mari wrth iddi droi i alw ar Dilwyn. 'Roeddwn i'n dweud wrthat ti, 'doeddwn, Dilwyn? Fod ffrind wedi dŵad i chwilio am Miss Roberts.'

Cyfarfu Glenys â llygaid llwydion a edrychai'n amhersonol oeraidd arni.

'O . . . ia. Y ffrind yma o Lundain. *Mwy* na ffrind, efallai?' meddai Dilwyn.

Agorodd hithau ei cheg i ddweud nad oedd ganddi syniad ond disgynnodd llaw ar ei braich y funud honno.

'Glenys! O'r diwedd,' meddai llais cyfarwydd.

Trodd i wynebu . . . Iorwerth!

16

Fe wyddai Glenys fod ei cheg yn agor a chau heb air yn dŵad allan.

Plygodd Iorwerth i'w chusanu'n feddiannol fel pe na bai gair croes wedi bod rhyngddynt erioed. Yna gafaelodd amdani a'i thynnu ato.

'Diolch i Mari 'ma, roeddwn i'n gwybod pa bryd i dy ddisgwyl di,' meddai.

Trodd Glenys i edrych yn wyllt am Sioned a chanfu hi'n dychwelyd oddi wrth y bar gyda Dafydd. Lledaenodd llygaid Sioned pan welodd Iorwerth.

'Wel, dyma syrpreis,' meddai. 'A pha bryd y penderfynaist *ti* ddŵad, Iorwerth?'

Crwydrodd ei llygaid o Glenys i Mari, ac o Mari i Dilwyn.

'O ... Dilwyn!' meddai gyda gwên chwareus. 'Roeddwn i'n trio perswadio Dafydd i dy ffonio. Am wneud pedwar efo ni heno?'

Duodd wyneb Mari ar unwaith, a chyn i Dilwyn gael ateb roedd wedi rhoi ei phig i mewn.

'Mae'n siŵr fod *Miss Roberts* eisio Iorwerth yn gwmni heno,' meddai'n felys. 'Ac yntau wedi teithio'r holl ffordd o Lundain i'w weld. Tyrd, Dilwyn, mae John yn disgwyl amdanan ni yn fan'cw.'

A chyda gwên fuddugoliaethus gafaelodd ym mraich Dilwyn a'i arwain i ben draw y lolfa.

Gafaelodd Iorwerth yn feddiannol ym mraich Glenys a'i harwain at fwrdd gwag yn ymyl.

'Mae Mari wedi aildrefnu bwrdd i dri yn un i bedwar,' meddai. 'Am fy nghyflwyno i, Sioned?'

'Dafydd . . . Iorwerth,' meddai Sioned yn ffwrbwt. 'Y fo fu'n ein cynorthwyo hefo cofnodion ariannol yr asiantaeth.'

'Ia . . . dipyn o smonach fuasai'r merched ynddi, oni bai amdana i,' cytunodd Iorwerth yn fodlon. 'Mae eisio pen at arian.'

'Mae ei ben o'n ddigon mawr,' meddai Sioned o dan ei gwynt wrth Dafydd.

Fe deimlai Glenys fod magl am ei gwddf. Magl ei geiriau byrbwyll hi wrth Dilwyn, a magl geiriau Iorwerth yr oedd Mari mor falch o'i groesawu. Ond a oedd ots ganddi bellach?

Bwytaodd, yfodd, siaradodd, i gyd mewn breuddwyd penderfynol. Eisteddai Dilwyn ychydig fyrddau oddi wrthynt a gwyddai fod ei lygaid llwydion yn edrych i'w chyfeiriad bob yn hyn a hyn. Fe ddangosai iddo. Gwenodd, chwarddodd, yfodd ragor o win nes bod ei phen yn ysgafn braf.

Roedd am iddo gredu'i bod hi'n mwynhau noson gyda'i darpar ŵr . . . fel roedd o'n mwynhau noson gyda'i ddarpar wraig. Breuddwyd bellach oedd cyffyrddiad melys ei wefusau ar ei gwddf . . . a'i . . . a'i bron. Y cyffyrddiad hwnnw a gododd ymateb mor gryf ynddi hithau nes peri iddi ddyheu am gael aros yng nghysgod ei freichiau am byth.

Ond ffug oedd y cyfan. Gêm o garu chwaraewr profiadol nad oedd yn golygu'r un iot iddo. Nac iddi hithau chwaith, ceisiodd ei pherswadio ei hun.

Gwrandawodd heb ddiddordeb ar Iorwerth yn brolio'i fusnes . . . ei brofiad ymysg goreuon y byd ariannol . . . a'i gynlluniau mawreddog am y dyfodol, heb ronyn o ddiddordeb. Bywyd fflat ac undonog oedd o'i blaen hi bellach. Roedd Iorwerth yn siarad fel pe bai popeth wedi'i drefnu rhyngddynt. Priodi. Priodi Iorwerth? Wel, pam lai? Fe fyddai'n ddiogel mewn priodas felly er yn llwydaidd ei dyddiau. Ac fe ofalai na ddeffroai neb ei chorff i'r ymateb ffrwydrol a rwygodd trwyddi ym mreichiau Dilwyn eto. Llai fyth Iorwerth!

Fe wyddai fod Sioned yn edrych arni droeon ... a Dafydd hefyd. Gwenodd yn ddisglair arnynt a cheisiodd ei pherswadio'i hun ei bod yn mwynhau pob munud o'r noson ... ac y byddai'n mwynhau pob munud o'i bywyd o hyn ymlaen hefyd.

Ond penderfynodd yn sydyn nad oedd y gêm honno'n werth ei chwarae wedi'r cwbl. Fedrai hi ddim dioddef dwylo Iorwerth ar ei chorff ... na gwrando'n fyth fythoedd ar rugl undonog ei lais chwaith. Roedd ei anadl yn drwm wrth ei chlust, ac arogl whisgi'n gwmwl yn ei ffroenau. Roedd hi wedi cael llond bol arno fo a'i fi ... fi ... tragwyddol. Yfodd waelodion ei choffi a chododd yn benderfynol.

'Ydych chi'ch dau yn barod?' holodd yn ddigyffro. 'Neis dy gyfarfod ti unwaith eto, Iorwerth.'

'Ond ... mi wela i di fory,' meddai Iorwerth gan godi ar ei draed a dilyn yn glòs wrth ei hochr.

Gofalodd Glenys nad edrychai i gyfeiriad Dilwyn. Yna wedi cyrraedd y cyntedd, trodd yn fwriadol.

'Nos da, Iorwerth,' meddai. 'A siwrnai gyffyrddus iti'n ôl i Lundain.'

'Ond ... rydw i eisio siarad ... y dyfodol ... gadael Penuwchwaen.'

'O, ia,' meddai hithau'n dawel. 'Bwriadu 'mhriodi i, wyt ti?'

'Wrth gwrs, 'mod i.' Ceisiodd afael yn ei llaw. 'Wedi dŵad yma i ddweud wrthat ti . . .'

'Ddim i ofyn?'

'Be?'

'O . . . hidia befo,' meddai hithau gan droi i estyn ei chôt.

'Na . . . aros. Wedi rhoi amser iti. Digon i'r nonsens Bryn Ffynnon yma ddiflannu o dy system di.'

'Nos *da*, Iorwerth,' meddai Glenys gan droi at Dafydd a Sioned.

Safai'r ddau yno'n gegagored, ond yn gefnogol hefyd.

'Hwrê! Mi ddeudist yn iawn wrth y penglog mawr ei hun,' llongyfarchodd Sioned hi wrth iddi gydio ym mraich Dafydd a'i throi hi am y car. 'Roeddwn i'n ofni dy fod wedi colli dy dafod wrth y bwrdd 'na.'

'Cymryd amser i ystyried,' eglurodd Glenys. 'Sdim iws taflu dyn ariannog heibio heb *rywfaint* o boen meddwl, yn nac oes?'

Ond er ei bod hi'n gwamalu, roedd hi'n lwmp o ddigalondid y tu mewn. Estynnai'i bywyd fel anialwch o'i blaen. Heb Dilwyn.

17

Pam na ddoi di i Lundain am ychydig ddyddiau?' holodd Sioned fore trannoeth. 'Siŵr o wneud lles iti, yn buasai, Mrs Owen?'

'Wrth gwrs,' cytunodd Jini Owen. 'Yn buasai, Sami?'

Roedd distawrwydd llethol y tu ôl i'r papur Sul.

'Y dynion 'ma. Cael eu trwyn yn y papur, a dyna nhw,' meddai Jini Owen. *'Sami!'*

Gostyngwyd y papur yn ffrwcslyd.

'Be?'

'Yn lles i Glenys 'ma gael ychydig ddyddiau yn Llundain. Does dim i'w wneud ym Mryn Ffynnon a'r plaster ar hanner sychu, yn nac oes? A dydi hi ddim i reidio beic trwy bob tywydd i fyny 'na chwaith.'

Gwenodd Glenys yn boenus. Fe gafodd hi lond bol ar reidio beic ac ar weld Dilwyn Bryn Moel hefyd. Efallai y buasai ychydig ddyddiau yn Llundain yn llesol iddi, yn ei helpu i anghofio'i phrofiadau chwerwon a'i pharatoi i ailafael yn ei bywyd newydd.

'Iawn, 'ta,' penderfynodd Glenys yn sydyn. 'Mi ddo i.'

'Grêt!' meddai Sioned. 'Mi gawn ni fynd i sioe neu ddwy, ac mi gei gwrdd â hen ffrindiau. Mi fyddi fel dynes newydd.'

'Oes caniatâd i rywun fel fi ddŵad?' holodd Dafydd. ''Ta rhywbeth i ferched yn unig ydi'r mwynhau mawr yma?'

Syllodd Sioned ac yntau ar ei gilydd am eiliad fer, cyn i'r ddau estyn dwylo a gafael yn dynn.

'Wrth gwrs bod croeso,' meddai Sioned yn ysgafn. 'Croeso mawr.'

Gwelodd Glenys lygaid Jini Owen yn lledaenu am eiliad wrth iddi syllu ar y dwylo plethedig, yna fe'i gwelodd yn nodio'n foddhaus.

'Mi ofali di am y busnes, yn gwnei, Sami?' meddai. 'Dos di, Dafydd.'

'Yyy?'

Daeth rhochiad sydyn o'r tu ôl i'r papur unwaith eto ac ymddangosodd wyneb dryslyd Sami.

'Oeddet ti'n dweud rhywbeth?'

' 'Taswn i haws,' grwgnachodd Jini Owen. 'Glenys a Dafydd am fynd i Lundain, yli. Ychydig ddyddiau.'

'O!'

Diflannodd Sami eilwaith a chododd Jini Owen i glirio'r paneidiau oddi ar y bwrdd.

Daeth cnoc sydyn ar y drws.

'Mi ateba i,' galwodd Dafydd.

Daeth murmur isel o'r cyntedd, yna llais Jini Owen wrth iddi ddilyn Dafydd o'r gegin.

'Eiso gweld Glenys, ydych chi? Wel, gad iddo ddŵad i mewn, da ti, Dafydd. Dim sens gadael iddo sefyll ar garreg y drws.'

Daeth Dafydd yn ôl i'r lolfa gyda golwg anfodlon ar ei wyneb. Y tu ôl iddo fe gerddai Iorwerth, a'r tu ôl iddo yntau, Jini Owen.

'Tynnwch eich côt am funud,' cynigiodd yn groesawgar. 'Mae croeso i ffrindiau Glenys yma bob amser. Gymerwch chi goffi?'

Yna trawodd distawrwydd Dafydd a Glenys a Sioned hi am y tro cyntaf, a daeth golwg ffrwcslyd i'w hwyneb.

'Rydych chi *yn* nab . . . ?' dechreuodd yn ansicr gan edrych ar Glenys.

'Ffrind busnes o Lundain,' meddai Glenys. '*Ffrind i Sioned a minnau*,' meddai gyda phwyslais.

Eisteddodd Iorwerth ac arlliw o wrid ar ei wyneb. Efallai y teimlai'n anniddig wrth deimlo oerni'r croeso. Gobeithio, meddyliodd Glenys.

'Meddwl cael gair hefo Glenys . . .' cychwynnodd. 'Gair preifat.'

'Dim angen . . .' cychwynnodd Glenys.

Ond roedd Sami wedi codi a phlygu'i bapur yn fwriadol. Efallai mai hwn oedd achos iselder a diffyg diddordeb

Glenys yn ddiweddar. Hen gariad, efallai. Wedi dŵad i ailgymodi.

'Mi awn ni trwodd i'r gegin,' meddai. 'I chi gael cyfle i siarad.'

Casglodd Dafydd a Sioned fel defaid o'i flaen a'u hel yn anewyllysgar i gyfeiriad y gegin. Caeodd y drws.

Eisteddodd Glenys yno heb ddweud gair. Symudodd Iorwerth ei draed yn ansicr am eiliad cyn clirio'i wddf.

'Wedi dŵad i ymddiheuro am gymryd pethau'n ganiataol,' meddai o'r diwedd.

'O . . .'

'Ymm . . .' Edrychodd Iorwerth yn anniddig. 'Ddylwn i ddim fod wedi sôn am briodi ac iti gael gwared â Bryn Ffynnon . . .'

'"Nonsens Bryn Ffynnon" oedd y geiriau ddefnyddiaist ti,' meddai Glenys yn oeraidd.

'Ia, wel . . . Dy dŷ di ydi o. Wrth gwrs, mi gei ei gadw os wyt ti eisio. Tŷ haf inni, efallai.'

'Ond dydw i ddim yn bwriadu dy briodi di, Iorwerth.'

Cododd y gwrid ysgafn i wyneb Iorwerth eto.

'Y! . . . Rydw i wedi dy golli di? Dydi pethau ddim 'run fath?'

'Neb i'w hebrwng i bartïon seboni cwsmeriaid, rwyt ti'n 'i feddwl.'

'Rydyn ni wedi arfer hefo'n gilydd. 'Run diddordebau. Sylfaen dda i briodas. Ac mi fedra i gynnig bywyd bras iti. Rydw i ar i fyny efo 'musnes. Mi fedrwn weithio gyda'n gilydd i'w ddatblygu. Mae angen gwraig dda ar ddyn busnes llwyddiannus.'

'Ond dydw i ddim am dy briodi di, Iorwerth,' meddai hithau'n rhesymol.

Pam dŵad yma i geisio'i pherswadio? Doedd o erioed wedi darganfod ei fod o'n ei charu o ddifri? Erioed!

Edrychodd arno o ddifri. Ond yr un hen Iorwerth a welai hi. Dyn yn credu mai fo oedd yn iawn bob amser (fel rhywun arall y gallai feddwl amdano ... ond doedd hi ddim am feddwl am hwnnw), a dyn â busnes yn llenwi'i fryd ... Sul, gŵyl a gwaith!

Oedd o mewn cariad â hi? A fyddai unrhyw gariad yn falm i'w chalon?

'Wnei di ddim ailystyried?' Tynnodd law frysiog trwy'i wallt a chododd i gamu'r ystafell yn ffrwcslyd. 'Rydw i wedi cael cynnig ...'

'Cynnig?'

'Ia ... cynnig swydd fel pennaeth ar gadwyn o swyddfeydd gyda chwmni White, White a Seagal. Ac mi wyddost cwmni mor bwysig ydyn *nhw*. Canghennau yn Ffrainc a'r Swisdir.'

'Llongyfarchiadau.'

'Ia ... ond ...' Cymerodd Iorwerth anadl sydyn a phlygodd i ymaflyd yn ei dwylo. 'Maen nhw eisio gŵr priod i'r swydd. Dyna'r amod. Dwed y gwnei di, Glenys. Fy mhriodi. Arian ... mwy nag a feddyliaist ti amdano 'rioed ... safle uchel mewn bywyd ... partïon y bobl orau ... trafaelio'r cyfandir ... unrhyw beth a fynnwn ni.'

Popeth ond cariad, meddyliodd Glenys wrthi'i hun. Ac nid bywyd fel'na roedd hi'n ei flysio. Dadgysylltodd ei dwylo a chododd i'w wynebu.

'Na ydi'r ateb, Iorwerth,' meddai. 'Rydw i wedi ymgartrefu yma ym Mhenuwchwaen.'

'Ond mi fyddi'n siŵr o ddiflasu yma. Lle di-nab-man fel hyn.'

Agorodd y drws yn sydyn a daeth Sioned i mewn yn benderfynol.

'Y ddau ohonoch chi wedi cael digon o amser i siarad erbyn hyn,' meddai gan ddal cwpanaid o goffi i gyfeiriad Iorwerth. 'Coffi i ti cyn iti fynd?'

Diolchodd Glenys am weld ei gefn.

'Gwneud imi deimlo fel petai o'n dewis eitem o ffenestr siop,' meddai wrth Sioned. 'Pigo'r gorau i weddu i'r amgylchiadau!'

Danfonodd Sami'r tri ohonyn nhw at y trên saith. Roedd B.M.W. o flaen y Mynydd Gwyn, a Iorwerth yn cau'r bŵt cyn troi tua thre. Trodd Glenys ei phen i ffwrdd rhag iddo sylwi arni. Yna trodd ef yn ôl yn sydyn drachefn. Fe safai Mari wrth ei ochr. Gwenai'n ddeniadol arno a phwysai'i llaw ar ei fraich yn gyfrinachol.

'Trystio Mari i arogli arian,' sylwodd Dafydd. 'Mae honno â llygaid ar y cyfle gorau bob amser.'

'O . . . ?'

Ond roedd Sami wedi arafu o flaen yr orsaf a hwythau'n camu allan. Nid oedd cyfle i Glenys holi. Pendronodd dros eiriau Dafydd. Beth oedd o'n 'i feddwl wrth arogli arian? Oedd Mari'n ffansïo Iorwerth? Ac os felly . . . beth am Dilwyn?

18

Bu'r dyfalu yn cnoi y tu ôl i'w meddwl drwy'r siwrnai. Droeon bu bron iddi â holi Dafydd, ond rywsut fe rewai'r cwestiwn ar flaen ei thafod. Pe bai Sioned neu Dafydd yn sôn am Iorwerth efallai y buasai hithau'n medru gofyn.

Ond soniodd yr un o'r ddau. Roedden nhw yngholl yng nghwmni'i gilydd.

Syllodd hithau trwy'r ffenestr tra gwibiai'r geiriau trosodd a throsodd yn ei meddwl. 'Trystio Mari i arogli arian. Llygaid ar y cyfle gorau bob amser.'

Daethant i orsaf Euston heb iddi fagu cyfle i holi.

'Rhaid iti gysgu ar y soffa, Dafydd,' meddai Sioned gan chwerthin. 'A soffa fach ydi hi, cofia. Mi fyddi'n griciau i gyd bore fory.'

Roedd wyneb Dafydd yn dweud nad oedd ots ganddo, a wyneb Sioned yn datgan ei bod wrth ei bodd yn ei gwmni hefyd.

Gwenodd Glenys er y gorweddai trymder fel blanced wlanog trosti. Fyddai dim ots ganddi am garwriaethau Sioned erstalwm ... pan fyddai hithau heb neb ond Iorwerth. Ond rŵan ...

Ysgydwodd y trymder ymaith. Roedd hi am ei mwynhau ei hun yma yn Llundain hefyd. Câi ailafael yn awenau'r asiantaeth er mwyn i Sioned gael amser efo Dafydd, penderfynodd.

'Wnei di? Siŵr? O ... diolch iti!'

Taflodd Sioned ei breichiau am ei gwddf yn llawen. 'Grêt! Synnwn i ddim na fydda inna'n byw ym Mhenuwchwaen ryw dro. Os gofynnith Dafydd imi, 'te?'

Hanner dawnsiodd Sioned i edrych arni'i hun yn y drych.

'Ac mae o'n siŵr o wneud. On'd ydi?'

Trodd wyneb drwgdybus sydyn at Glenys.

'Mae petalau'r gwanwyn yn frith o'ch cwmpas chi er y dechrau,' chwarddodd Glenys. 'Wrth gwrs, mi ofynnith o.'

Trodd i ffwrdd yn sydyn a'r dagrau'n llosgi ei llygaid.

Doedd wiw i Sioned eu gweld. Doedd wiw i *neb* wybod am ei theimladau tuag at Dilwyn Bryn Moel. Fe ddychwelai i Benuwchwaen, nid yn holliach, ond wedi'i gwregysu'i hun i wynebu'r cyfan. Pam felltith y bu'n rhaid iddi syrthio mewn cariad? meddyliodd yn anobeithiol. Pam y trodd ei chasineb yn gariad mor sydyn?

Roedd hi'n falch o gyrraedd yn ôl er iddi fwynhau gwaith yr asiantaeth unwaith eto.

'Rydw i am symud i Bryn Ffynnon,' meddai wrth Jini Owen fore trannoeth.

'Mae croeso ichi aros faint a fynnoch yma hefo ni, Glenys,' oedd yr ateb. 'Mae tŷ fu'n wag yn oer iawn.'

'Mi fedra i fyw mewn rhan ohono,' meddai Glenys. 'Gwell cyfle imi wneud tân ben bore, a chanlyn ymlaen gyda'r sgwennu hefyd. A diolch i chi a Sami am bopeth. Mi fuasai wedi bod yn flêr iawn arna i oni bai amdanoch chi ... a Dafydd hefyd.'

Rhoes fraich gyfeillgar am ganol Jini Owen a'i chusanu.

'Diolch,' meddai eto.

'Be 'di cymwynas rhwng cyfeillion,' meddai Jini Owen gyda gwên. 'Neis cael rhywun arall ifanc yn y tŷ, a chyfarfod Sioned hefyd. Deudwch i mi,' meddai'n sydyn. 'Ydi Dafydd a hithau'n ...?'

'Synnwn i ddim,' cytunodd Glenys.

'Mae Dafydd yn meddwl y byd ohoni, rydw i'n gwybod hynny. Ond beth amdani hi? Merch ifanc o Lundain fel'na ... llawn bywyd ... digon o gariadon, efallai. Dydw i ddim eisio iddo gael ei frifo. O, twt,' meddai'n sydyn. 'Dyna fi eto. Dydych chi byth yn peidio poeni am eich plant, hyd yn oed pan maen nhw'n ddigon hen i benderfynu drostyn nhw'u hunain.'

'Sdim angen poeni,' cysurodd Glenys. 'Mae Sioned a Dafydd mewn cariad. Y ddau o ddifri. A does 'na'r un ffrind gwell na Sioned. Mae Dafydd yn lwcus.'

Nodiodd Jini Owen yn foddhaus cyn gafael yn y tecell a'i gludo at y sinc i'w lenwi.

'Paned cyn inni ddechrau trefnu'ch setlo chi ym Mryn Ffynnon, felly?' meddai. 'Mi fyddwch chi eisio nwyddau ... ac eirio'r gwely ...'

Ysgydwodd ei phen.

'Gobeithio wir na fyddwch chi'n teimlo'n unig i fyny 'na. Mae byd o wahaniaeth rhwng *byw* ac ymweld am ychydig oriau bob dydd, cofiwch. Ond mi fydd Sami yna fel barn, unwaith y daw'n dywydd trin gardd,' addawodd. 'Ac mi bicia inna i fyny bob cyfle ga i. Ac, wrth gwrs, mae teulu Bryn Moel mor agos.'

'Ydyn,' cytunodd Glenys braidd yn floesg.

Ond ni sylwodd Jini Owen ar y bloesgni. Roedd hi'n rhy brysur yn ei pherswadio'i hun y byddai Glenys yn berffaith ddiogel ym Mryn Ffynnon, ac y byddai digon o ffrindiau'n ymweld â hi.

'Mi ddaw Dafydd i fyny'n aml ... ac mi alwith Dilwyn wrth fynd heibio ... Mr a Mrs Williams hefyd, synnwn i ddim ... a beth am y ffrind 'na ddaeth yma i'ch gweld? Iorwerth? Efalla y daw o i Benuwchwaen 'ma eto?'

'Na! Ddaw o ddim,' eglurodd Glenys. 'Ffrindiau pell yn unig ydyn ni. Y fo fu'n ein helpu ni efo ochr ariannol yr asiantaeth.'

'Deudwch chi,' meddai Jini Owen a golwg fodlon ar ei hwyneb. 'Ydych chi am ffonio Dilwyn i ddweud eich bod chi'n symud?'

'Ffonio Dilwyn? I be?' holodd Glenys a'i hwyneb yn fôr o wrid.

'Jest meddwl oeddwn i,' meddai Jini Owen. 'A chithau'n gymaint o ffrindiau erstalwm . . .'

Roedd golwg wybodus yn ei llygaid wrth iddi droi i olchi'r cwpanau.

Llithrodd y dyddiau heibio mewn rhuthr o baratoadau. Peintio'r gegin ag emwlsiwn, golchi'r unedau newydd, chwilio am fwrdd a chadeiriau, gosod teils carped, eirio, cynnau tanau a chludo digon o nwyddau i fwydo byddin.

'Wel . . . fedrwch chi gario fawr ar y beic, yn na fedrwch?' meddai Jini Owen. 'Na,' meddai wrth weld Glenys yn agor ei cheg, 'cadwch chi'r beic. Does arna i mo'i angen o.'

Na finnau chwaith, meddyliodd Glenys wrth feddwl am y godwm a'r munudau a flasodd hi ym mreichiau Dilwyn Bryn Moel. Rhoes ei chalon ei thro arferol wrth ailfyw'r profiad hwnnw, a chofio ei hymateb hithau. Dyna ffŵl fu hi.

'Ydych chi'n siŵr y byddwch chi'n iawn rŵan?' oedd geiriau olaf Jini Owen wrth iddi baratoi i ddychwelyd i Benuwchwaen. 'Rhywbeth fyddwch chi'i eisio . . . cwmpeini neu rywbeth . . . cofiwch chi ffonio'n syth bin.'

'Mi fydda i'n siŵr o wneud. A diolch i chi a Sami am bopeth,' meddai Glenys.

'Twt,' oedd ateb Jini Owen wrth iddi ddiflannu i'r car. 'Rho draed arni Sami os wyt ti eisio swper.'

Caeodd y drws yn flinedig wrth gwt Jini Owen a pharatoi i wynebu'r noson gyntaf ar ei phen ei hun ym Mryn Ffynnon. Caeodd lenni'r lolfa ac ymlaciodd wrth y tân. Roedd hi yma o'r diwedd. Yn annibynnol. Fe ddylai hi deimlo wrth ei bodd, ond yn sydyn, gorlethwyd hi gan unigrwydd. Tybed ai fel hyn y teimlodd Anti Bet droeon? Wythnosau, misoedd, blynyddoedd heb air ganddi hi na'i mam. Ac eto, fe faddeuodd y cyfan a gadael Bryn Ffynnon iddi.

Sbonciodd pan ganodd cloch y drws. Byseddodd ofn sydyn drwyddi. Pwy oedd yna a hithau wedi nosi? Canodd y gloch eto. Dilwyn, efallai? Beth a wnâi hi os mai o oedd yna? Cododd a cherdded i'r cyntedd. Rhoes ei llaw ar y glicied a galw,

'Pwy sy 'na?'

'Mrs Williams.'

Mam Dilwyn? Llyncodd boer sydyn ac agorodd y drws.

'Ofni'ch bod chi'n teimlo braidd yn unig y noson gyntaf fel hyn,' eglurodd Mrs Williams gan gamu i'r tŷ. 'Ein tri eisio gwybod eich bod chi'n iawn.'

'O . . .'

Dilynodd Mrs Williams hi i'r lolfa.

'Eisteddwch. Mi wna i baned,' meddai Glenys.

'Mae'r lle 'ma'n gyffyrddus iawn rŵan,' meddai Mrs Williams gan ymlacio yn y gadair. 'Ac mae'n neis gweld dodrefn Miss Roberts efo tipyn o sglein arnyn nhw unwaith eto.'

'O . . . gwaith Jini Owen ydi'r rhan fwya,' eglurodd Glenys. 'Mae hi wedi fy mabwysiadu i a Bryn Ffynnon. Rhwng Sami a hi . . . fydd gen i ddim i'w wneud.'

'Mi fuasai Miss Roberts wrth ei bodd yn eich gweld chi'n cartrefu yma,' meddai Mrs Williams a'i llygaid ar wyneb Glenys.

'Meddwl amdani hi'r oeddwn i,' atebodd hithau. 'A difaru colli cysylltiad ar hyd y blynyddoedd. Teimlo'n euog hefyd.'

'Dim angen ichi,' cysurodd Mrs Williams. 'Roedd Miss Roberts yn dallt, er ei bod hi'n pitïo'r gagendor. Mi fyddai'n sôn llawer amdanoch chi . . . ac fel y byddech chi a Dilwyn yn treulio oriau yng nghwmni'ch gilydd erstalwm.'

Syllodd Mrs Williams yn syth i'w llygaid a dringodd gwrid yn don i wyneb Glenys.

'Wel, ia ... chwarae plant,' mwngialodd.

Nodiodd Mrs Williams ond roedd mwyniant yn ei hwyneb hefyd.

'Ia, ond mi fuo Dilwyn yn mynnu am flynyddoedd mai chi oedd o am ei phriodi.'

'D—do?' Roedd rhwystr sydyn yn ei llwnc.

Cododd Mrs Williams.

'Wel, rhaid i mi fynd. Cofiwch chi rŵan, Glenys. Mi fyddwn yn eich disgwyl acw'n fuan. I swper, efallai? Ac mi gaiff Dilwyn eich danfon yn ôl wedyn.'

Danfonodd Glenys hi at y drws gan deimlo fod Mrs Williams wedi dŵad yno i brofi rhywbeth iddi'i hun, ac ei bod hi'n mynd oddi yno wedi'i phlesio. Profi beth, doedd hi ddim yn siŵr.

Aeth rhai dyddiau heibio heb iddi weld na chlywed o Bryn Moel. Fe gafodd gip ar Land Rofer llychlyd yn gwibio heibio unwaith neu ddwy. Ddaru honno ddim arafu. Wrth gwrs, doedd fymryn o ots ganddi hithau am hynny. Roedd ganddi ddigon i'w wneud. Stori wedi'i gorffen a'i hanfon i un o gylchgronau Llundain, un arall ar ei hanner. Ac roedd Sami, Jini Owen a Dafydd yn galw'n gyson. Sami i daro llygaid profiadol ar bridd yr ardd ac i ddyheu am gael ymaflyd yn y taclau garddio, Jini Owen i ffwsio a holi a oedd hi'n bwyta digon ac yn cadw'n ddigon cynnes a Dafydd i siarad yn ddi-ben-draw am Sioned.

Roedd hi'n falch o'r ymweliadau i gyd, ac o'r ffaith fod ffôn ganddi i gael ambell sgwrs â Sioned hefyd.

'Dŵad i lawr yr wythnos nesa,' cyhoeddodd honno. 'Aros yng nghartre Dafydd. Dim ots gen ti, nac oes? Mae Dafydd yn daer am imi ddŵad. Eisio gofyn rhywbeth imi, medda fo. Sgwn i be?' holodd yn ddiniwed.

'Dim syniad!' meddai Glenys er bod Dafydd wedi bwrw'i fol iddi fwy nag unwaith yn ystod yr wythnos.

'Mi gwela i di, 'ta.'

'Iawn.'

A dyna lwybr bywyd Sioned ar fin ei bennu, meddyliodd. Roedd ar fin troi oddi wrth y ffôn pan ganodd drachefn.

'Ia?'

'Glenys! Mrs Williams sy 'ma. Sut mae hi arnoch chi nos fory? Rhydd? Ddowch chi yma? Mi ddaw Dilwyn i'ch nôl. Tua saith?'

'Ymmm!' Nid oedd modd iddi feddwl am esgus mewn byr amser.

'Diolch yn fawr. Ond does dim angen i neb fy nôl.'

'Oes, wir,' oedd yr ateb pendant. 'Mae'n rhy oer i gerdded.'

Rhoes Glenys y derbynnydd yn ei le gan deimlo'r gwagedd sydyn yng ngwaelod ei stumog. Fe welai Dilwyn unwaith eto, a threulio noson gyfan yn ei gwmni gan wybod fod Mari'n fur rhyngddynt.

Roedd hi ar bigau'r drain erbyn y noson ganlynol. Beth ddywedai hi wrth Dilwyn? Sut y dylai ymddwyn? Doedd dim ateb i'r un o'i chwestiynau.

Fe dreuliodd amser yn cael bàth a golchi'i gwallt, yn rhoi minlliw a cholur gofalus, yn dewis dillad a weddai iddi gan igam ogamu rhwng ofni a dyheu am ei weld unwaith eto. Beth fyddai ei ymateb? Sut yr edrychai arni? Beth wnâi hi os gafaelai amdani a'i chusanu?

Gêm oedd y cyfan i Dilwyn Bryn Moel, fe wyddai hynny. Beth arall ag yntau wedi dyweddïo â Mari? Ac erbyn hyn, roedd hi wedi diystyru geiriau Dafydd am Mari. Dyfalu'r oedd yntau, roedd y dyweddïo'n ffaith.

Cyrhaeddodd Dilwyn yn brydlon am saith. Rywsut fe wyddai hi'r union eiliad yr arafodd y Land Rofer y tu allan, er na chlywodd hi ddim byd. Roedd ei nerfau fel elastig tyn tyn.

Atebodd y drws a'i chalon yn ei gwddf.

'Barod?'

Ni allai ddarllen dim yn ei wyneb.

'Wrth gwrs,' atebodd hithau.

Estynnodd am ei chôt a dioddef iddo'i chymryd oddi arni a'i dal iddi'i gwisgo. Efallai mai dychmygu i'w fysedd ymdroi ar ei hysgwyddau wnaeth hi. Ia. Roedd ei wyneb yn gaeedig amhersonol wrth iddo ddal y drws yn agored iddi a holi a oedd yr allwedd yn ddiogel ganddi.

A dyna batrwm y noson. Siarad, bwyta, eistedd yng nghwmni ffrindiau, a dim arlliw o'r teimlad sydyn a welodd hi yn ei lygaid y dyddiau eraill hynny.

Am un ar ddeg, fe godoedd hi i fynd adref.

'Diolch am noson ardderchog,' meddai. 'Rydw i wedi fy mwynhau fy hun.'

'Y cyntaf o lawer,' meddai Mr Williams. 'Rhaid inni ddal ein gafael ynoch chi a chithau mor agos inni rŵan.'

'Am faint, tybed?' holodd Dilwyn wrth agor drws y Land Rofer iddi. 'Dynion cyfoethog Llundain am dy ddenu'n ôl yn fuan. Land Rofer yn ail gwael i B.M.W., 'tydi?'

Roedd min yn ei lais. Ond ffrwynodd Glenys ei thymer gan ddiolch eu bod yn arafu o flaen Bryn Ffynnon.

'Mae gan Iorwerth feddwl o'i B.M.W.,' meddai o'r diwedd.

'A thithau feddwl o'i gyfri banc yntau,' oedd yr ateb oeraidd.

Gwasgodd Glenys ei dwylo'n ddyrnau. Digwilydd-dra'r dyn! Yn meiddio edliw y fath beth!

'Mae Iorwerth a finnau'n dallt ein gilydd,' meddai'n ffyrnig.

Oedden siŵr. Yn deall nad oedden nhw byth am briodi!

'O, siŵr iawn. Ond wyt ti'n ymateb i gusanau Iorwerth fel rwyt ti'n ymateb i fy rhai i?'

Yn sydyn roedd hi yn ei freichiau ac yntau'n ei chusanu'n ffyrnig. Ffrwydrodd ymateb trwyddi. Ond doedd hi ddim am ildio i'r ymateb hwnnw. Byth. Byth. Ymladdodd yn ei erbyn. Curodd ei frest, ei freichiau, ei wyneb. Ond heb effaith. Doedd hi ddim ... am ... ymateb ... iddo. Gwasgodd ar ei theimladau. Gwasgodd hwy nes yr oeddent yn fychan bach. Yn ddim. Na, doedd hi'n teimlo dim ... yn ymateb dim. Gorfododd ei chorff i lonyddu'n llipa yn ei freichiau, heb ronyn o deimlad.

Peidiodd y cusanau wrth i Dilwyn sylwi ar ei diffyg ymateb. Dadgysylltodd hithau ei hun o'i freichiau.

'A dyna hynna drosodd,' meddai mewn llais sgwrs bob dydd. 'Efallai mai trio rhywun arall fuasai'n orau ichi. Mari, er enghraifft?'

Fe wyddai'i fod wedi'i syfrdanu. Bu mor siŵr o'i hymateb. Glenys fach yn falch o'i gusanau, Glenys yn fodlon chware gêm o gariad. Dim diolch, Dilwyn Bryn Moel.

Agorodd ddrws y Land Rofer a chamodd allan a'i adael yn syfrdan.

'Diolch am fy nanfon,' galwodd. 'Na ... peidiwch â dod allan. Nos da.'

A diflannodd ar draed cyflym am y drws, a'i agor, a'i gau gyda chlep foddhaol ar ei hôl. Dyna ddangos iddo fo. Dim ots ei bod hi'n wylo'n hidl y tu mewn. Dim ots fod ei choesau'n gryndod egwan a'i chalon yn curo fel gordd. Dyna ddangos iddo fo.

19

Fe gododd fore trannoeth a'i phenderfyniad yn dal yr un mor gryf. Roedd hi wedi cael digon ar Dilwyn Bryn Moel. Fe drechodd ei theimladau neithiwr, a dyna'r cam cyntaf at wella'i byd. Fe gâi Dilwyn briodi'i Fari a gwynt teg ar eu holau.

Golchodd y llestri brecwast a'i llygaid ar y llethr a estynnai hyd at gopa Bwlch Moel. Fe'i dringai ryw ddiwrnod. Yn union fel y dringodd ef droeon yn blentyn yng nghwmni Dilwyn.

Na ... doedd hi ddim am feddwl am hwnnw eto. Roedd hi'n edrych ymlaen i gael diwrnod o ysgrifennu. Diwrnod heb i neb na dim amharu arni. Ond canodd cloch y drws gan roi caead ar biser ei chynlluniau, meddyliodd. Sami a Jini Owen, debyg?

Ond John oedd yno.

'Tyrd i mewn,' meddai'n groesawgar.

'Setlo?' holodd John gan ei dilyn i'r lolfa.

'Ardderchog,' atebodd hithau. 'Coffi?'

'Na. Munud cyn mynd at joban arall sgen i. Dau beth—y bìl i ddechrau. Roeddet ti wedi gofyn amdano.'

'Siŵr,' meddai hithau. 'Yn falch o gael talu. Gwybod ble'r ydw i'n sefyll wedyn.'

Aeth i nôl ei llyfr sieciau.

'Y cyfan yma, 'tydi?' holodd.

'Ydi. Mi gei di setlo hefo Dilwyn, os wyt ti am dalu iddo fo.'

Damia! meddyliodd hithau wrthi'i hun. Pam gebyst na ddaru mi sôn neithiwr a finnau ym Mryn Moel? Mi fydd yn rhaid imi'i weld o eto rŵan.

Sgrifennodd y siec a'i rhoi i John. Cododd yntau'n barod i fynd.

'Diolch.' Cliriodd ei wddf. 'Mae gen i wahoddiad hefyd. Gwahoddiad i barti dyweddïo, Nos Sadwrn. Ddoi di?'

'Yy . . .'

John yn gofyn iddi fynd gydag ef! Edrychodd yn syn arno. Yna sylweddolodd yn sydyn. Gwahoddiad i barti dyweddïo Dilwyn oedd o. Roedd John yn ei gwahodd i barti dyweddïo Dilwyn a Mari. Aeth ei cheg yn sych grimp. Fedrai hi ddim. Fe fyddai gweld hapusrwydd y ddau'n ormod iddi.

Edrychai John yn ddisgwylgar arni.

'Mi fuasai Ethni a minnau'n licio iti ddŵad. Mae hi'n edrych ymlaen at dy gyfarfod.'

'Ethni?'

Roedd hi'n teimlo'n fwy dryslyd fyth!

'Ac mi rwyt ti'n adnabod Dilwyn, wrth gwrs. Mi fydd o'n gwmpeini iti.'

Sut y gallai Dilwyn fod yn gwmni iddi ac yntau hefo Mari? dyfalodd yn niwlog. A phwy oedd Ethni? A sut y gallai John ofyn iddi hi, Glenys, fynd hefo *fo* . . . a dweud y buasai *Dilwyn* yn dŵad â hi'r un pryd?

'Ond ... beth am ... Mari?'

'Mari? Wel, mi fydd Mari yno, wrth gwrs. Rhaid iddi fod, yn bydd, a hithau'n chwaer imi.'

'Chwaer?'

Roedd hi'n ailadrodd fel ffŵl.

'Ia. Wyddet ti ddim?'

'Na wyddwn.'

'Wel, parti i ddathlu dyweddïad Ethni a minnau ydi o. Rwy'n siŵr iti glywed Mari'n sôn.'

O, oedd. Roedd hi wedi clywed Mari'n sôn. Sôn yn ofalus heb ddweud parti pwy. Rhoi ar ddeall iddi hi mai parti Dilwyn a hithau oedd o, a chwifio'r fodrwy fel baner o flaen ei llygaid. Roedd modrwy ar fys Mari. Roedd hynny'n ffaith. Ac roedd Dilwyn a hithau'n ffrindiau. Yn ffrindiau mawr.

'Mi gaiff Dilwyn dy godi ar ei ffordd.' Gwenodd John braidd yn slei arni. 'Mi fydd wrth ei fodd!'

Roedd ei chalon yn troi fel pididown. Doedd hi ddim yn deall. Yn deall dim. Ond roedd gobaith rhyfedd yn ffrydio trwyddi.

'Mae Mari yn ein gadael ni'r wythnos nesa hefyd,' meddai John gan droi am y drws.

'Gadael?'

'Ia. Wedi cael gwaith yn Llundain.'

Teimlai Glenys fel pe bai rhywun wedi'i tharo yn ei stumog. Mari'n gadael. Dyweddïad John ... nid Mari a Dilwyn. Ceisiodd wneud synnwyr o bethau, ond methodd.

Deffrôdd y gobaith ynddi eto, ond dihysbyddodd yn llwyr wrth gofio'r hyn ddywedodd hi wrth Dilwyn. Ei geiriau cas, y glusten a'i chelwydd am Iorwerth.

'Diolch yn fawr. Mi fydda i'n falch o ddŵad,' meddai'n wantan.

Gwyliodd John yn troedio llwybr yr ardd a'i meddyliau'n ferw gwyllt. Yna caeodd y drws ac eistedd ar ris isaf y grisiau. Mari'n gadael . . . a John ac Ethni'n dyweddïo. Canai'r geiriau yn ei hymennydd. Llyncodd boer araf. Feiddiai hi obeithio?

Gwenodd wrth gofio'r munudau hynny ym mreichiau Dilwyn. Wrth gwrs, fe obeithiai. Ond fe gâi Dilwyn Bryn Moel dalu am yr hyn a ddioddefodd hi hefyd. Dim ond dipyn bach, wrth gwrs. Ond dioddef serch hynny.

20

Welodd hi mo Dilwyn am ddyddiau. Gogwyddai rhwng pryder a gobaith fel yr âi pob diwrnod heibio, ac yntau heb alw. Oedd o am ei hebrwng i'r parti o gwbl? Efallai'i fod o wedi digio wrthi am byth oherwydd ei hymateb oeraidd.

Ond fe alwodd Dilwyn yn hwyr bnawn Gwener i sôn wrthi am y parti, pan oedd hi wedi anobeithio'n llwyr. Roedd wrth ei desg yn yr ystafell fach ar ben y grisiau pan glywodd sŵn y Land Rofer yn arafu wrth y giat. Brysiodd i'r llofft ffrynt i weld.

Dechreuodd ei chalon guro'n fyddarol. Dilwyn oedd yno? Ynteu ei dad? Ebychodd yn ddiolchgar wrth weld Dilwyn yn dringo o'r Land Rofer. Roedd golwg bell ar ei wyneb. Fel pe bai'n casáu'r gorchwyl oedd o'i flaen.

Gwenodd wrthi'i hun. Roedd hi am ddysgu gwers i Dilwyn Bryn Moel. Am adael iddo ferwi yn ei ddryswch ei hun, tra oedd hithau'n gwybod nad oedd dim bellach yn sefyll rhyngddynt.

Ond eitha gwaith â fo am ei thrin fel y gwnaeth. Ei ... chusanu fel tasa fo piau hi gan edrych arni â'r olwg chwerthinog yna'n ei lygaid llwydion ... a gwneud i'w gwaed rasio yn ei gwythiennau ...

Canodd y gloch. Rhuthrodd i'w hateb, yna gorfododd ei hun i arafu'i cherddediad. Agorodd y drws yn hunanfeddiannol.

'O ... chi sy 'na?'

Edrychodd arni am eiliadau hir.

'Dallt mai fi sy'n mynd â thi i'r parti. Gwell gwneud trefniant.'

'Ydi, 'tydi,' cytunodd hithau.

Safodd yno fel pe bai'n disgwyl iddo ddweud ei neges yn syth bin. Disgynnodd distawrwydd rhyngddynt.

'O ... gwell ichi ddŵad i mewn,' meddai Glenys o'r diwedd. 'Os medrwch chi sbario'r amser, 'te?'

Edrychodd y llygaid llwydion arni eto wrth ei dilyn i'r gegin.

'Medra,' meddai'n foel.

'Coffi, 'ta te?' holodd hithau.

'O ... rhywbeth.'

Trodd hithau ei chefn a'i llygaid yn dawnsio. Roedd hi'n adnabod poen meddwl pan fyddai drwyn yn drwyn ag ef.

'Pen yn eich plu braidd heddiw?' holodd yn felys.

'Na.' Roedd yr ateb yn chwyrniad bron.

Estynnodd fygiau, a llefrith o'r oergell a'r bowlen siwgwr o'r cwpwrdd.

'Siwgwr?' holodd.

'Na.'

'Credu'ch bod chi'n ddigon melys, debyg?' meddai hithau mewn llais rhesymol. 'Felly mae rhai pobl.'

Caeodd ei ddwylo'n ddyrnau wrth edrych arni.

'Pa bryd wyt ti'n gweld y bôi 'na eto?' holodd yn sydyn frathog.

Cymerodd arni ystyried.

'Wel, ddim yr wythnos yma ... wn i ddim am yr wythnos nesa. Rhyw reswm tros ofyn?'

'Na,' oedd yr ateb cras.

Roedd ei chalon yn dawnsio, ac fe'i câi hi'n anodd ei rhwystro'i hun rhag dangos ei gwir deimladau.

'Rydw i am briodi yma ym Mhenuwchwaen,' meddai Glenys yn synfyfyriol gan edrych yn ddwfn i'w mygiad. 'Efallai y buasech chi'n hoffi bod yn bresennol, Dilwyn? Fel hen ffrind, 'te?'

Tagodd Dilwyn ar ei goffi.

'Rhy boeth? Cymrwch ragor o lefrith,' meddai Glenys yn felys.

Llwodd Dilwyn rywbeth tebyg i 'Uffern Dân' o dan ei wynt.

'Twt twt.' Ysgydwodd Glenys ei phen yn geryddgar. 'Dydi hynna 'rioed yn sgwrs i glustiau menyw dyner ei theimladau.'

Neidiodd Dilwyn ar ei draed.

'Mae dy deimladau di fel craig,' gwaeddodd gan gyrraedd yn wyllt amdani. *'Chei* di ddim priodi'r Iorwerth felltith 'na. *Chei di ddim.* Wyt ti'n dallt?'

Gwasgodd hi ato.

'A pham hynny, Dilwyn Williams, Bryn Moel?' holodd Glenys rywle yn ei gesail.

'Am 'mod i'n dy garu di, dyna pam.'

'A pham na fuasech chi'n dweud hynny'n gynt?' holodd hithau.

'Pam na fuaswn . . . ? Ond rydw i wedi dy gusanu di . . . wedi gwneud popeth i fod yn dy gwmni di er pan ddoist ti yma. Ac i feddwl dy fod ti am briodi'r Iorwerth 'na . . .'

'Ond dydw i ddim . . .'

'Y talpyn chwyddedig 'na sy'n . . . *Be ddeudist ti*?'

Daeth ton o chwerthin drosti.

'Dydw i ddim.'

Gafaelodd yn ei hysgwyddau a'i dal oddi wrtho.

'Dwyt ti ddim?'

'Na.'

'Pam?'

'Pam?' holodd Glenys gan wrido.

'Ia . . . pam?'

'Wel . . .' Gwnaeth wyneb meddylgar. 'Anodd dweud, 'tydi?'

'Pam . . . y ddewines felltith?' gan ei gwasgu ato.

'Am . . .' Fedrai hi ddim cyfarfod ei lygaid yn sydyn.

Gwenodd Dilwyn arni a'i lygaid yn llawn cariad. Plygodd ei ben a chrwydrodd ei wefusau'n araf tros ei hwyneb.

'Pam?' Cusan ar ei chlust. 'Pam?' Cusan ar ei hamrant. 'Pam?' Cusan ar flaen ei thrwyn.

Dechreuodd Glenys giglan.

'Pam?' meddai Dilwyn a rhoi cusan hir ar ei gwefusau. Un arall ac un arall.

'Pam feddyliech chi?'

'Chdi.'

'Be?'

'Chdi . . . Rydw i wedi blino ar y *chi* felltith 'na.'

'Chdi . . . 'ta.'

'Dyna welliant. Pam?' holodd eto.

Plethodd hithau ei breichiau am ei wddf.

'Am fy mod i'n dy garu di, siŵr iawn,' meddai'n rhesymol. 'Pa reswm arall fuasai gen i?'

Ysgubodd Dilwyn hi i'w freichiau a'i chario am y lolfa.

'Hei . . . Ble . . . ?'

'Fedra i ddim caru'n foddhaol ar gadair cegin,' meddai Dilwyn.

Daliodd ei afael ynddi wrth ei ollwng ei hun . . . a hithau i'w ganlyn . . . i gadair esmwyth o flaen y tân.

'Mi fedra i fynd ati o ddifri rŵan.'

Profodd hynny trwy'i chusanu'n drwyadl drachefn.

'A beth am Mari?' holodd hithau pan gafodd ei gwynt yn ôl wedi'r fath sioe feistrolgar ond pur dderbyniol.

'*Mari*?' Roedd golwg anghrediniol ar ei wyneb.

'Ia . . . Mari.'

Gwenodd Dilwyn arni a'i gwasgu ato.

'Oeddet ti'n tybio . . . Nac oeddet, 'rioed. O . . . Glen fach . . . neb ond ti i mi. Neb!'

Ac wedi iddi glywed geiriau mor dderbyniol, nid oedd dim a flysiai Glenys fwy, na phrofi, ac ailbrofi drosodd a throsodd, wirionedd y geiriau melys.

Gêm o Gariad